ALBUM

DU SALON DE 1842.

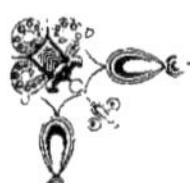 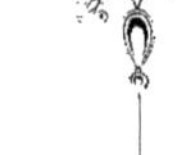

OUVRAGES PUBLIÉS PAR CHALLAMEL.

Album du Salon de 1841. — Collection des principaux ouvrages exposés au Louvre, reproduits par les peintres eux-mêmes, ou sous leur direction, par les premiers artistes, texte par Wilhelm Ténint. Prix : papier blanc. . . 24 fr.
Papier de Chine. 32 fr.

Album du Salon de 1840. — Collection des principaux ouvrages exposés au Louvre; texte par Augustin Challamel (Jules Robert) ; préface par le baron Taylor. Prix : papier blanc. . . 24 fr.
Papier de Chine. 32 fr

Le Salon de 1839. —. Vingt beaux dessins ; texte par Laurent-Jan, orné de vignettes sur bois.
Prix. 20 fr.

Peintres primitifs — Collection de tableaux rapportés d'Italie par M. le chevalier Artaud de Montor (membre de l'Institut), reproduite par nos premiers artistes, sous la direction de M. Challamel. Cet ouvrage contient la reproduction de plus de cent tableaux, soixante dessins et soixante feuillets de texte, par M. le chevalier Artaud de Montor. Prix : papier blanc. . . 60 fr.
Papier de Chine. 75 fr

Sous presse.

Le Portefeuille du comte de Forbin

Contenant ses tableaux, dessins et esquisses les plus remarquables, avec un texte
par M. le Comte de Marcellus.

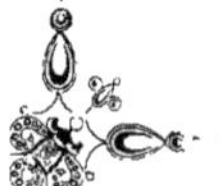

Paris. — Imprimerie de Ducessois, 55, quai des Augustins,
près le Pont-Neuf

ALBUM

DU

SALON DE 1842

COLLECTION

DES PRINCIPAUX OUVRAGES EXPOSÉS AU LOUVRE

REPRODUITS

PAR LES PEINTRES EUX-MÊMES

OU SOUS LEUR DIRECTION

Par MM. Alophe, Arnout, Alès, Baron, Bour, Deveria, Fichot, Français,
Geeli, Jacot, R. Leroux, Marvy, Mouilleron, Léon Noël

TEXTE

PAR WILHELM TÉNINT.

———

PUBLIÉ PAR CHALLAMEL.

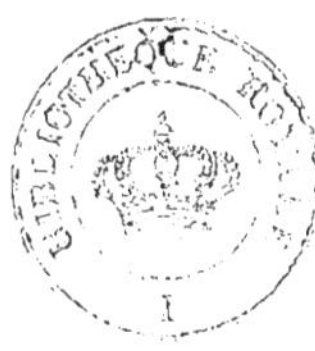

PARIS

CHEZ L'ÉDITEUR,

4, RUE DE L'ABBAYE, FAUBOURG SAINT-GERMAIN.

—

1842

PRÉFACE.

Aux rares expositions du temps passé, à ces États généraux de l'Art a succédé une sorte de congrès annuel. Est-ce un bien? Il n'en faut pas douter.

Beaucoup s'en plaignent pourtant. A les entendre, le temps leur fait faute, l'air leur manque, leur pensée prise au dépourvu arrive avec un seul cothurne chaussé. — Qui la presse? Où est la loi qui oblige à exposer tous les ans, à se hâter, à s'essouffler, à faire courir le pinceau? — Mais, si nous n'exposons pas, on nous oublie! — Raison de mauvais aloi! Savez-vous qui sont ceux qu'on oublie? Ce sont ces éternelles et fertiles médiocrités qui, tous les ans, étalent à nos regards leurs œuvres fades On les oublie, comme on oublie l'eau du fleuve qui passe, et qui pourtant—qu'on me permette cette plaisanterie—*expose* toute l'année, jour et nuit. Les artistes sérieux, inspirés, ont la patience du génie: ils donnent à leur œuvre tout le temps, tout le soleil qu'exige la maturité. Présents, leur nom rayonne; absents, leur nom laisse une ombre. On les admire ou on les regrette, mais on ne les oublie pas. Les artistes convaincus ne s'effraient point si aisément des rivaux annuels et féconds que chaque exposition ramène. Au fait, avouez que le chêne aurait mauvaise grâce à se plaindre de ce que l'herbe pousse en une année plus que lui.

Mais, — dit-on encore, — ces expositions presque continues ont perdu toute leur solennité; la foule y vient distraite et désœuvrée; l'ennui l'y porte, l'ennui l'y accompagne; son regard glisse sur les belles œuvres, son esprit ne les effleure même pas.

Oh! je le demande avec instance, si, dans le passé que vous vantez, vous l'avez vu ce public aux instincts sublimes, passionné pour l'art, au goût assez pur pour ressentir cette attraction subtile qu'exerce le BEAU, pour préférer aux paillettes et aux oripeaux un idéal sévère, proclamez-le hautement, dites l'année où ce phénomène s'est produit, le fait vaut bien qu'on le cite!

Nous ne l'avons pas encore ce public, nous qui croyons pourtant être en progrès sur le passé! Un tel public n'a jamais existé. — Il existera. Les expositions annuelles le feront.

Au temps des *expositions solennelles* précisément, — que d'aucuns regrettent, — l'Art vivait dans une sorte de camp retranché d'où il faisait une sortie tous les cinq ans. L'expédition finie, le bulletin de la victoire proclamé, les morts emportés, tout rentrait dans le calme et dans le silence. On ne s'inquiétait plus de l'Art; que devenait-il? Que faisait-il? Questions oiseuses s'il en fut? Il ne devait revenir que dans cinq ans. — Cinq ans, c'est-à-dire un siècle, par ce temps qui use si vite les hommes et les choses, qu'on dirait qu'il les broie.

Il n'en est pas ainsi aujourd'hui. L'art a pris sa part d'actualité, il s'est fait une place dans nos goûts, il a voulu n'être plus oublié, il a voulu que ses apparitions fussent assez rapprochées pour que ce crépuscule qui est le souvenir et cette aube qui est l'attente se rejoignissent et que l'année entière fût éclairée de son reflet.

Ainsi seulement l'art pouvait devenir populaire, et il le deviendra.

L'art—et c'est un point qui aurait dû ne pas échapper aux partisans des *expositions solennelles,*—l'art, en se prodiguant un peu plus, a subi une révolution qui s'est opérée partout, dans la musique par les concerts, dans la littérature par le feuilleton. Il y a dans un fait aussi général quelque chose de providentiel, dont il est bon de tenir compte.

Mais encore,—en laissant ce côté abstrait de la question,—sera-t-il facile de prouver que s'inscrire contre le retour annuel des expositions, c'est méconnaître les intérêts du public et, virtuellement, ceux de l'art et des artistes.

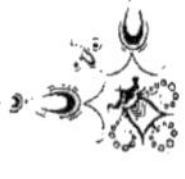

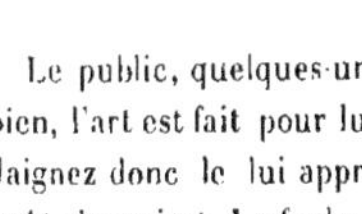

Le public, quelques-uns s'en montrent trop dédaigneux. Qu'on le sache bien, l'art est fait pour lui, et doit être compris par lui! Ce qu'il ignore, daignez donc le lui apprendre. Le regard s'exerce, l'instinct s'éveille, le goût s'acquiert. La foule qui se trompe aujourd'hui, aura déjà demain un jugement plus sûr, si l'artiste peut l'interroger souvent, la critique souvent l'avertir.

Ce n'est pas là un acte de pure bienveillance qu'on vous demande. Vous êtes bien autrement intéressés dans la question ; il y va pour vous de la vie ou de la mort.

Nous ne sommes plus, en effet, au temps des hauts protectorats et de ces grandes familles dont l'arbre généalogique portait comme des fruits d'or, les noms des plus grands maîtres; certains nobles seigneurs sont encore hommes de goût, — puisqu'il est vrai que pour quelques noms privilégiés le goût est héréditaire, — mais les fortunes se sont amoindries. Les communautés religieuses ont disparu. Ni à Santa-Maria-delle-Grazie, ni ailleurs, Léonard de Vinci ne pourrait recommencer la Cène ; Raphael ne serait appelé ni aux Camaldules, ni à Sant Antonio! En revanche, ils pourraient, ces grands artistes, fabriquer quelques mètres de toiles peintes pour des églises de campagne badigeonnées en ocre. Aujourd'hui la municipalité règne seule, et la municipalité est faite avec le public.

Elle est économe, elle calcule volontiers, la municipalité, elle aime assez que les choses aient une utilité bien immédiate et bien saisissable. A la route qui mène au beau, elle préfère tout d'abord le moindre chemin vicinal qui amène les denrées du village voisin. En un mot, elle ne comprend pas encore l'utilité tout aussi immédiate et tout aussi saisissable de l'art.

Si vous vous tenez dans l'isolement et dans l'ombre, vous laisserez l'art se perdre, vous faillirez à votre cause, vous graverez sur le piédestal d'un sphinx ignoré une langue inconnue; hommes d'intelligence, vous languirez, vous périrez dans votre solitude, et vous verrez s'établir dans notre civilisation un bien-être matériel et grossier, qui, lui aussi, n'étant pas animé par l'intelligence et le culte des grandes choses, languira et périra comme un corps sans âme.

Après ces hautes considérations, est-il besoin de faire remarquer encore que les *expositions solennelles* éloignent de l'art beaucoup de jeunes ar-

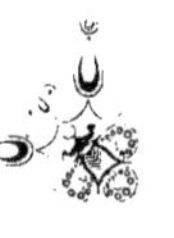

tistes, — qui peut-être ont le génie. — et restreignent ainsi en quelque
sorte le cens de l'éligibilité à la réputation et au succès.

C'est parce que nous avons compris le besoin de populariser l'art
que cet album a été créé. L'*Album du Salon*, c'est l'exposition devenue livre, l'exposition qu'on emporte avec soi, qu'on retrouve ouverte, —
les portes du Louvre fermées, — qui fait s'irradier en tous sens un reflet, bien
affaibli sans doute, mais pourtant un reflet du disque éclatant, qui, en un
mot, décentralise la lumière et la porte au fond des provinces, à ces muni-
cipalités pour qui l'art est peu connu, dans les contrées étrangères où
les populations se tournent toutes vers la France pour être éclairées de
son intelligence. Nous n'avons pas eu assez, nous, d'une exposition an-
nuelle; il nous a fallu une exposition de tous les instants et dans tous les
pays! Nous croyons qu'il faut semer l'amour de l'art dans le monde en-
tier, si l'on veut qu'il rapporte cette belle et double moisson, moisson de
l'avenir et moisson du présent, la gloire et ce qui aide à l'acquérir.

La question se résout à ceci : est-ce de l'isolement que certains artistes
désirent ou de la publicité qui est faite à l'art et que nous voulons encore
plus grande, que la protection peut surgir, et par conséquent l'élan? Est-ce
de l'ombre ou du soleil que vient la chaleur et par conséquent la force?

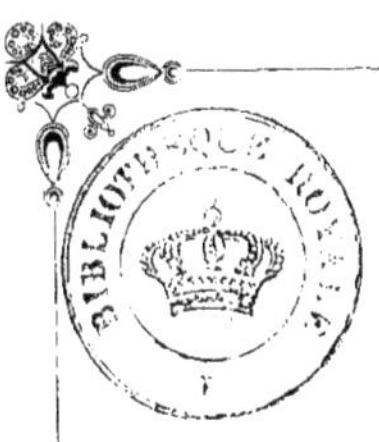

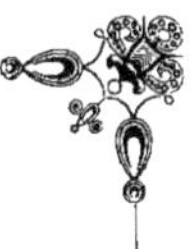

SALON DE 1842.

BOUCHOT, DECAMPS, H. FLANDRIN, H. DEBON, J. GIGOUX, E. ISABEY.

Entre les deux tableaux de ce grand artiste, dont la perte est si récente,
entre ce *Passage du mont Saint-Bernard* et ce *Repos en Égypte,* laissé
inachevé, il y a bien plus que la douloureuse transition de la vie à la mort,
il y a comme une sorte de transfiguration d'un talent qui, du monde réel,
passe au monde idéal; qui, de l'action, s'élève à la contemplation. Était-ce
qu'une voie nouvelle s'ouvrait à cet artiste, ou bien la mort, qui dégage la
pensée de ses liens terrestres et lui donne des ailes, avait-elle initié son âme
à ces révélations que les moribonds reçoivent du ciel? Je ne sais. Toujours
est-il que l'énergie, la rudesse du peintre des *Funérailles de Marceau* et
du *Dix-huit Brumaire,* sont devenues calme, adorable rêverie, suave
mysticisme. Et il n'est pas besoin d'aller chercher si loin un contraste qui
est si frappant dans les deux œuvres que nous avons nommées. Ici, de l'ardeur, de la vie, de la turbulence. L'armée française escalade les sommets
neigeux des Alpes; la fatigue, les privations, le doute, sont les compagnons
de la route.—Quelle route!—Et si l'on montait pour se rendre aux enfers,
les pauvres soldats ne s'en croiraient pas fort éloignés. Tout à coup, de vertes
plaines s'ouvrent sous leurs pieds; Bonaparte leur montre l'Italie. Le désespoir s'est bien vite fait enthousiasme; les bras se lèvent, les chapeaux sa-

luent la terre promise; entre les deux versants de la montagne, ces hommes, vaincus par le découragement, sont devenus vainqueurs. Il y a beaucoup de vigueur et d'élan dans ce tableau, dont la composition est habilement accidentée. Au premier plan, l'escalade ardue; plus haut, l'enthousiasme et les cris de joie. Du côté des Alpes et de la neige, des nuages noirs et froids; du côté de l'Italie, un ciel lumineux; au milieu, Bonaparte, debout, immobile, impassible comme la Volonté et le Destin. Mais, que les qualités du Repos en Égypte sont tout autres! *L'Enfant-Dieu rêve à sa mission, pendant que la Vierge et saint Joseph sommeillent.* Depuis la tête d'Atala, peut-être aucun peintre n'avait trouvé un profil plus virginal, plus beau d'innocence et de chasteté que celui de cette Vierge; la draperie blanche qui couvre sa tête et retombe sur ses épaules et sur son sein, est d'un goût exquis; mais l'enfant surtout surprend et émeut. Qu'il soit d'une beauté irréprochable, non; sa tête est plutôt souffrante, maladive, étiolée; c'est un de ces enfants à la peau transparente et bleuâtre, aux regards pleins d'ardeur et de flamme. La pensée tuerait celui-ci, s'il n'était Dieu. D'autres peintres ont mis, sur cette tête du Christ-enfant, le sourire, la bienveillance, mais toujours la vie exubérante; aucun n'y avait mis, autant peut-être, l'esprit du catholicisme, l'âme traversant l'argile diaphane, l'ascétisme, le sacrifice de la chair à la pensée. La divinité dans cet enfant rayonne, et son auréole lui vient, non pas de flammes miraculeuses qui le couronnent, mais de la pensée qui est en lui. Nous le répétons, un tel tableau, s'il n'est une inspiration de la mort, est l'œuvre première et unique, hélas! d'une seconde ère du talent de Bouchot, et donne, aux regrets qu'inspire la perte de cet artiste, plus d'amertume encore.

— Quel poëte pourrait se dire plus poëte que Decamps? Cet artiste n'a pas seulement une exécution originale, riche, inventive, magique et plus que magique, magicienne, car elle a ses secrets, mais il possède aussi la puissance de création, l'idéal grandiose, la force de soldat et les délicatesses de femme qui, réunis, font le poëte. Rien pour lui n'est trop grand ni trop petit; les batailles, ces terribles jeux des nations, et les jeux rieurs de cette folle bande d'enfants trouveront deux hommes en lui, un rude et énergique historien, un observateur fin et gracieux. A ce regard puissant le passé apparaît aussi réel, aussi coloré que le présent. C'est une intelligence vaste, une de ces âmes fortes et tendres qui ressemblent à certains ciels où luttent

l'orage et le soleil; d'un côté la tempête et la foudre qui déchirent la nue,
de l'autre l'azur et les rayons lumineux qui caressent les fleurs.

Nous voici du côté de la tempête et de la foudre, c'est à dire devant une
bataille. Marius a été rappelé d'Afrique pour combattre les Kymris ou
Cimbres. L'action s'est engagée dans la vallée de l'Adige. Au fond de la
plaine, les légions romaines s'avancent, formidables, impénétrables, étincelantes au soleil comme un mur de diamant. Sur le premier plan, que traverse un ruisseau, les *barbares* en déroute fuient entraînés, éperdus, écra-
sés! Plus rien de ces fougueuses masses, de ces avalanches de fer, plus
rien que quelques soldats effarés, que quelques chariots attelés de bœufs
harassés et où sont couchés pêle-mêle les enfants et les femmes, et des bles-
sés qui se redressent pour lancer à l'ennemi une dernière flèche, qui est
leur dernier soupir. L'affaire se comprend. Les barbares ont été attaqués en
face et pris à revers, et culbutés. Vraiment il ne leur restait plus qu'à fuir!
Auprès des femmes, un des chefs à cheval est accouru; mais son regard in-
terroge encore l'affreuse mêlée ; au moindre effort des fuyards, comme il
s'élancerait! La chaleur est accablante ; le ciel est parsemé de nuages arides
et brûlants, taillés comme dans la pierre. Dans cet entraînement, cette fuite
ardente, cette atmosphère chaude, cette poussière, ce carnage, ce bruit,
ce soldat qui s'est précipité au bord du ruisseau et qui y étanche sa soif,
tout est vrai! Que vous dire de cette exécution si large comme ensemble,
si admirable comme détails? Il faudrait des pages entières rien que pour ce
casque curieusement ciselé, et cette armure jadis dorée, où les chocs de la
bataille n'ont laissé que quelques paillettes d'or terni. Ce tableau, comme le
suivant, c'est un dessin relevé çà et là, par quelques teintes posées on ne
sait comment, prises on ne sait où, dessin d'un coloris merveilleux et qui ne
laisse dire à personne : « Que ce serait beau, si c'était peint. »

Il est un jour plus lugubre que celui de la défaite, c'est le lendemain. La
mêlée acharnée n'a rien de si terrible que l'immobilité des cadavres gisants
sur le sol; la clameur immense du combat est moins effrayante que le silence qui le suit. Nous sommes au lendemain d'une bataille. Les troupes
gauloises après avoir coupé la tête à leurs morts, les ensevelissent, mais une
attaque soudaine les trouble dans ce soin pieux; ils chargent à la hâte, sur
des chariots, les cadavres que la terre allait recevoir et portant des bran-
dons allumés dans les chaumières désertes qu'ils rencontrent, ils y jettent,

en fuyant, quelques-uns de ces corps mutilés, que le regard joyeux du vainqueur eût souillés. Ce dessin *Siége de Clermont, en Auvergne)* est plein
d'une sombre énergie, de deuil et de désespoir. L'âme éprouve une sorte
de terreur devant cette plaine tumultueuse, hérissée de piques et d'étendards — funèbre moisson! — devant ces nuages grisâtres qu'épaissit la sinistre fumée de l'incendie, devant ces fosses ouvertes, ces cadavres tronqués!

La Sortie de l'Ecole (Turquie d'Asie est une aquarelle. Une troupe
d'enfants. — bruyants et rayonnants comme l'eau qui sort d'une écluse, —
s'échappe d'une porte sombre au seuil de laquelle se tient, avec des recommandations de la main, très-paternelles et non moins inutiles. le vieux
maître d'école. Quelle joie, quel délire, quelle impétuosité ! Tant pis pour
ceux qui tombent! A qui le 'turban qui roule dans la poussière? Rien de
curieux comme toutes les nuances de peau de ces joyeux gamins. Il y en a
de noirs. de bruns, de bistres, de gris de fer, de blancs chaudement colorés.
Vit on jamais de plus charmantes et de plus diverses façons de sourire et de
gambader? Prenez garde, enfant, ne vous poussez pas trop contre ce mur, car
vous vous y écorcheriez, la pierre en est si dure! Comme la main, quelquefois rude de l'artiste, a été délicate pour ces têtes mutines, qui toutes
sont d'un fini ravissant. La couleur est, comme d'ordinaire, magnifique. Il
y a, parmi cent détails gracieux, sous ces petits pieds joyeux, un terrain
plein de cailloux rouges, jaunes et bleus, à amuser des enfants depuis
le lever du soleil jusqu'à la nuit.

— H. Flandrin fait de la tragédie. Il recherche, avant tout, la suprême
beauté, et, partant, il s'éloigne quelquefois de la nature. Ses héros ont le
geste noble et la dignité que Melpomène commande, et craignent fort de
se compromettre en quelque pose vulgaire. Un rayon de soleil trop vif , un
reflet poudreux sur un tapis, un pli d'étoffe abruptement brisé, voilà pour
les mettre à la torture. H. Flandrin est plutôt un artiste de pensée, qu'un
artiste d'action, il préfère la rêverie au mouvement, il réussit mieux à personnifier une pensée qu'à représenter un fait, il est plus philosophe que
romancier. Aussi, dans son *saint Louis dictant ses capitulaires*, a-t-il
évité le côté vivant et réel du sujet, pour arriver à une sorte d'allégorie,
pompeuse et surhumaine. On peut dire que ses personnages ne revivent
pas, mais apparaissent. De fait, ils existent reproduits avec une finesse
exquise de dessin et une élégante pureté de forme, mais aussi avec placi-

dité, solennité, morbidesse; ce qui leur manque, c'est le souffle, l'animation, la vie. Saint Louis est assis sous un dais; autour de lui se tiennent, le sire de Joinville, Guillaume de Nangis, Matbieu abbé de Saint-Denis et Robert de Sorbonne. Dans la mise en scène, dans l'exécution de ce tableau règne une austère sévérité, mais cette sévérité se retrouve-t-elle bien dans l'esprit des personnages eux-mêmes? Saint Louis dicte les capitulaires; e fait en lui-même est bien simple, et ne motive en aucune façon la déclamation, même sous prétexte de style monumental. Cependant Mathieu, abbé de Saint-Denis, drapé et encapuchonné dans une longue robe noire, se tient isolé, debout et sombre, comme un conspirateur. L'attitude un peu héroïque de Guillaume de Nangis, qui tient son glaive nu et renversé, se comprend mieux; il représente la force soumise aux lois. — La pose de saint Louis, en revanche, est pleine de naturel et de grâce. Sa tête, doucement penchée est pensive et *penseuse* à la fois, et de cette *ressemblance devinée* qui est comme la quintessence de cent portraits plus ou moins ressemblants. Une pitié profonde, une sagesse divine éclairent le regard d'un rayonnement intérieur et ineffable; la pensée habite vraiment ce front large et lui fait une auréole. Il y a sur ce visage quelque chose de plus grand encore que le sentiment de la paternité, c'est le sentiment de la royauté, cette paternité du trône. Saint Louis est profondément vrai. Les autres personnages, pour vouloir être grandioses, sont peut-être un peu déclamaoires. Puisque nous parlons de la vérité, disons que M Flandrin la possède admirablement dans sa forme. qui est résolue et souple, rigide et gracieuse, et pour ainsi dire, sévère et caressante à la fois; pourquoi ne cherche-t-il pas plus la vérité dans la couleur?

— Il existe deux personnifications du Christ, l'une souffrante, triste, toute chair et toute douleur, c'est la personnification humaine; l'autre lumineuse, triomphante, que les piques du martyre ne pourraient plus toucher sans être réduites en poudre, c'est la personnification divine. Dans le tableau mystique de *Jésus-Christ remettant aux Pères de l'Église le soin de la religion catholique*, le ciel se découvre tout constellé de têtes roses de chérubins dans une atmosphère bleuâtre à la manière de Rubens; le Christ, posé sur un nuage entre deux apôtres, est trop terrestre; le ciel ouvert devrait l'envelopper d'une lumière éblouissante, comme d'un manteau de divinité; ce nuage, au lieu d'être couleur de fumée, serait alors comme un

trône d'argent et d'or. Quant aux Pères de l'Église, ils ont bien l'héroïsme
et la foi, et leurs vêtements sont drapés avec beaucoup de largeur et de hardiesse. Hardiesse, disons-nous, heureux et rare défaut, qui se retrouve dans
la composition et dans le coloris. Vienne l'harmonie avec le temps, — et
l'harmonie, c'est l'expérience, — M. H. Debon sera un grand peintre.

— Il est vrai que le temps — cet usurier si dur que la plupart des gens
avisent à s'en passer — il est vrai que le temps a des richesses réelles pour
ceux qui persévèrent; il donne du talent pour du travail. Il en est qui trouvent le marché onéreux. M. Gigoux n'est pas de ce nombre; c'est un artiste
sévère qui toujours a marché en avant et dont l'œuvre cette année est encore un progrès. Saint Philippe, apôtre, descend—entre ses deux filles, qui,
plus tard, doivent gagner les palmes du martyre, — les marches d'un temple
aux colonnes de jaspe et impose les mains à une belle et pâle jeune femme
étendue malade sur un brancard. Ceux qui aiment le beau quand même,
goûteront sans doute fort peu la figure assez irrégulière de deux femmes,
dont l'une est agenouillée près du brancard, et dont l'autre est debout et
joint les mains. De cette irrégularité précisément naît un certain air de vérité, et surtout un contraste bien senti entre la beauté de fantaisie de ces
femmes qui sont du monde et la beauté sereine et chaste de ces jeunes filles,
de ces deux anges qui déjà sont du ciel; nous reprocherons pourtant au saint
un peu de bonhomie vulgaire dans l'expression, et il nous semble que la
main gauche devrait être vue plus en raccourci. M. Gigoux n'a pas encore
tout à fait la science de la couleur, mais il en a le sentiment vrai. Son *faire*
est soigneux sans mollesse, large sans brutalité; cet artiste a surtout la ré-
vélation d'une certaine beauté délicate, intelligente, pleine de distinction,
qu'on retrouve dans un petit tableau intitulé : *Souvenir de la jeunesse
d'Hoffmann*, tableau peint sans aucun doute pour une femme aimante et
pour un boudoir parfumé.

— Nous sommes sur une hauteur tapissée de mousses roussâtres. De
jeunes filles roses et charmantes, retirent, devant l'orage, du linge que le vent
fait onduler et frissonner. A gauche, s'ouvre le port de Dieppe, hérissé de
mâts et de banderoles, et s'évase le quai où fourmillent les marins et les
Normandes aux grands bonnets. La ville s'étend à nos pieds, pleine de
brume et secouant sur son front les mille petites panaches de la fumée des
toits. Au loin s'enfuit la falaise âpre et sauvage. A droite, s'avancent la jetée

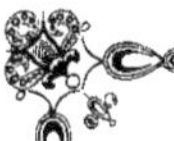

et le phare comme un bras ami et secourable tendu à ceux qui sont en dé-
tresse. Au fond, règne sur l'horizon la mer houleuse, d'un jaune verdâtre,
constellée de voiles que le vent renverse sur les flots. La bourrasque est
terrible ; voyez, dans le ciel, courir éperdues ces grandes nuées turbulentes
et d'un gris d'ardoise qui jettent sur la ville un pan d'ombre semblable à
un lambeau de voile noir retenu, accroché aux flèches et aux clochers. Quel
vent ! vent équinoxial, plein de gouttes de pluie et de sons de cloches !
Quelle vie et que de bruit, le bourdonnement de la ville, les gémissements
de la mer, les plaintes des mouettes qui rasent les flots, les colères brutales
du vent, les rires de ces jeunes filles, et le clapotement de ce linge qui flotte!
Ce tableau est fait avec un rare talent d'exécution, sans pédanterie de pinceau : il est d'une couleur vraie. Mais qui songe à ceci ? Est-il question
de l'artiste? Voilà Dieppe et la mer par un gros temps.

On fait encore des tableaux de religion, on ne fait plus de tableaux religieux. C'est précisément le sentiment religieux qui s'empare de la pensée
en face de l'*Embarquement à bord de la Belle-Poule, du corps de Na-
poléon.* Ni le char doré, ni les arcs de triomphe, ni les trépieds aux flammes
vertes n'ont eu cette grandeur poétique et saisissante. Sous les flancs noirs
et goudronnés de la frégate, dans un nuage sombre de fumée de canon, —
crêpe digne d'un conquérant, — quelques embarcations sont rangées. Le
cercueil, enlevé de l'une d'elles, est suspendu dans l'air; le drap funéraire,
traversé d'une simple croix blanche, ne le recouvre plus qu'à moitié ; ce
n'est pas un sarcophage, c'est une bière en bois. A bord de la frégate se
tient le prêtre avec une croix d'argent. En bas, la mer d'un bleu sombre,
calme et comme soumise devant la mort ; en haut, l'inextricable forêt des
mâts et des cordages et les flammes funèbres qui pleurent. A force de simplicité, de vérité sans aucun doute, cette composition se trouve grandiose.
Il y règne une harmonie de tristesse, une philosophie douce et mélancoli-
que à la fois que n'ont pas les pompes et l'apparat des obsèques triompha-
les. Ce grand navire immobile et plein de deuil, ces lourds canons, maintenant muets et comme consternés, ces vigoureux marins dans une attitude
religieuse, tout cela entraîne une idée de force contenue qui s'allie admira-
blament avec un coloris d'une vigueur à dessein voilée.

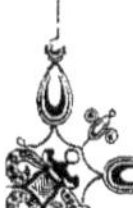

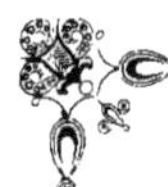

VINCHON, ÉDOUARD BERTIN, H. LEHMANN, R. LEHMANN, F. RISS, BÉZARD, CHAMBELLAN.

— C'est une page officielle, a-t-on dit du tableau de M. Vinchon. La *Proclamation de la Charte par Louis XVIII*; hélas! non. Ce qui lui manque précisément, c'est d'être officielle (s'il ne lui manquait que cela !) —La salle, — disent les témoins oculaires — avait été envahie par la foule et notamment par des femmes du peuple, dont l'enthousiasme, comme vous le voyez, dépassait les bornes, ou tout au moins les portes. Un des membres de la chambre trouvant sa place prise par une de ces dames, la réclama ; mais celle-ci lui répondit : *Mets-toi sur mes genoux.* Nous ne prétendons pas tout à fait que M. Vinchon eût dû placer les représentants de la nation sur les genoux de ces représentantes, mais au moins aurait-il pu conserver quelque peu de cet enthousiasme et de ce mouvement, au lieu d'asseoir tous ces froids personnages dans cette salle humide, morne et pleine de brouillard. Ce n'est point là la *proclamation de la Charte;* c'est la discussion d'une question d'intérêt local, à la chambre des Députés, par un jour de pluie et d'orateurs glacials. Le Louis XVIII est traité tout à fait irrévérencieusement, mal habillé, mal éclairé, mal assis. Quant aux autres personnages, nous ne leur avons trouvé que ceci de remarquable, c'est qu'ils sont tous d'une carnation semblable. On dirait les fils d'un même père, qui n'aurait pas une jolie famille.

—Dans l'Évangile, il est dit que le diable transporta Jésus-Christ sur une haute montagne, d'où l'on voyait tous les royaumes de la terre. Il y a loin de cette montagne au rocher où M. Édouard Bertin a placé cette terrible et magnifique scène ; l'artiste est resté au quart du chemin, pour la hauteur s'entend, et dans le lointain on n'aperçoit qu'un aqueduc s'enfuyant dans un horizon bleuâtre. Il faut reconnaître aussi que ce rocher est d'une grande vigueur de ton et d'une aspérité toute sauvage; que ce torrent desséché qui s'enroule sur ses flancs est aride, aigu et comme plein de déchirures ; qu'on sent bien que ces mousses rases et brûlées ont crû sur un roc aride et sous un ciel ardent; que si le diable est d'une silhouette un peu trop accidentée, le Christ en revanche est drapé avec goût et simplicité, et que l'Auréole, dont son front rayonne, resplendit si radieuse sur un ciel déjà lumineux, qu'il s'en répand sur toute cette scène, comme un reflet de divinité. M. Édouard Bertin a fait un paysage d'une couleur puissante et d'un aspect grandiose ; mais a-t-il fait un paysage historique ? Qu'il relise la Bible et lui-même s'exécutera de bonne grâce sur ce point.

—Il nous semble que le Voltairien le plus déterminé ne saurait s'empêcher d'être ému en face de ce Christ flagellé, de H. Lehmann ; qu'il verrait, dans une douce contemplation, se dissiper tous les misérables sophismes amassés sur sa foi comme des nuées sur le soleil, et qu'il comprendrait enfin le sens sublime de la Passion du Rédempteur. C'est que cette tête du Christ est une des plus belles que nous ayons encore vues. Elle n'a point la beauté placide, sévère et froide que certains artistes ont donnée au fils de Dieu ; elle n'a point non plus cette vérité austère, presque querelleuse, que d'autres ont attribuée au rigide législateur ; c'est la charité, l'amour, la candeur, la prière dans leur expression la plus ineffable. Ce Christ-là est bien celui qui laissait venir à lui les petits enfants, celui qui relevait la femme adultère, celui qui sur la croix pardonnait à ses bourreaux. Ce Christ-là c'est le *Bon Pasteur*, c'est le Christ véritable, c'est la douceur triomphant de la force par le martyre. Il y a beaucoup d'énergie, de vigueur et de haine dans les soldats qui le flagellent et qui sont vus en raccourci. Dans ce tableau , le coloris de M. H. Lehmann, nous paraît avoir gagné en vérité, sans rien perdre en puissance, et l'artiste, laissant la manière et l'excentricité, a fait, ce nous semble, un grand pas vers la bonne originalité et le style. Evidemment, jusqu'à ce jour, M. H. Lehmann a hésité, et les autres tableaux qu'il a exposés appartiennent à ces hésitations. A la hauteur où cet artiste est parvenu par *sa flagellation*, on domine le pays et l'on va droit au but , sans s'égarer dans les broussailles du chemin. Le portrait du *premier grand maître des Templiers* révèle certaines des qualités de M. Lehmann , mais dans un état plus rudimentaire. Le coloris du charmant tableau des *Femmes près de l'eau* touche encore aux confins du pays fabuleux qu'on nomme convention. Mais il est deux sœurs, deux belles filles de l'Italie qu'il nous faut réunir. L'une, *Mariuccia,* — de M. H. Lehmann, — brune et calme et portant sur l'épaule une opulente grappe de raisin, l'autre *Chiaruccia ,* — de Rodolphe Lehmann , ardente beauté dont la peau a des tons dorés et chauds et qui traverse un champ de blés mûrs. Il y a beaucoup de lumière , de chaleur, dans ce dernier tableau, et l'or et la pourpre, qui y sont prodigués partout, s'adoucissent avec art l'un par l'autre; les nœuds rouges passés dans les cheveux noirs de la jeune fille *s'harmonisant* avec les coquelicots qui flambent parmi les blés, comme l'âpre éclat de son teint *s'harmonise* avec la mouvante dorure des épis. Les étoffes sont traitées avec talent; nous avons remarqué surtout une manche de chemise brodée avec des jours et doublée de reflets fauves et vraiment lumineux. Comme Henri, M. Rodolphe Lehmann, est coloriste, et c'est, avec le sentiment poétique, une qualité qu'on acquiert mal, je crois; c'est une richesse intérieure qu'on a, ou qu'on n'a pas. Les autres qualités sont plutôt richesses extérieures, semblables à l'or enfoui, auquel le travail conduit.

— Le Christ dépouille la divinité pour revêtir notre humanité douloureuse, le Verbe, comme dit l'Écriture, se fait chair; Dieu le père et le Saint-Esprit le soutiennent encore; le ciel qu'il abandonne est ouvert et l'inonde d'une lumière éblouissante, mais déjà il touche le sol et la croix du martyre s'élève à ses côtés et lui tend ses bras lugubres. Cette composition est posée avec grandeur et d'une grande élévation de pensée. Dans le ciel, dont l'atmosphère est dorée, voltigent des myriades d'anges aux ailes tendrement nuancées de teintes lilas et bleuâtres. — Il part du Saint-Esprit, sous la forme d'une colombe, une clarté extraordinaire qui ruisselle et rebondit, pour ainsi dire, comme un torrent, sur la terre; mais les rayons qui l'entourent ressemblent trop à des rayons de bois doré. Il y avait aussi une distinction à établir entre Dieu le père et le Christ, puisque l'un se fait homme et que l'autre reste Dieu. Celui-là devait être chair, celui-ci devait être esprit. Le premier a, comme il convient, l'opacité et la réalité de notre nature; le second ne devait il pas avoir la transparence et le vague d'une vision? Disons aussi que l'artiste n'a pas su assez gouverner l'immense lumière qu'il employait; il l'a, pour ainsi dire, laissé échapper à pleines mains et partout. Les plis du vêtement de Dieu semblent éclairés au travers de la toile; le jour leur vient comme dans un vitrail. Tant d'observations annoncent une œuvre sérieuse. En effet, le tableau de M. Riss brille par de hautes qualités de dessin et de couleur, et représente dignement la Russie au congrès artistique de cette année.

— Il nous a été conté, · et nous le croyons, — que M. Bezard a été endormi, vers l'année 1810, par quelque malicieux génie qui ne l'a tiré de ce sommeil enchanté qu'en cette bienheureuse année 1842, où nous sommes pour le moment. On explique de cette façon l'idée qu'a eue M. Bezard, de peindre une allégorie par ce temps où l'allégorie jouit d'une défaveur qu'elle s'est méritée de toutes les façons, en vers, en prose et en peinture. « *Devant le tribunal de la Crédulité, assisté du Soupçon et de l'Ignorance, la Calomnie, la Mauvaise foi et l'Envie traînent et accusent l'homme innocent qui implore la Vérité.* » — Hélas! l'auteur, à bien plus juste titre, pourrait invoquer la Vérité, car tout est faux dans son tableau, la couleur, la lumière, et parfois l'expression. Parfois, disons nous, car il est certains personnages clairement, sinon bien caractérisés; de ce nombre la *Crédulité*, le *Soupçon*, l'*Ignorance*. L'artiste a fait comprendre sa pensée, mais elle est exprimée si froidement, en termes si vulgaires, qu'on se sent, à voir cette œuvre, l'âme toute affadie. La *Calomnie* et la *Mauvaise foi* n'ont rien de bien caractéristique. Quant à la *Vérité*, elle est si peu belle, que nous lui conseillons fort de ne jamais se servir pour elle du miroir qu'elle tient en main.

— Être téméraire, c'est un défaut, mais un défaut qu'on blâme en souriant et qu'on est bien près d'excuser. M. Chambellan a eu une idée dramatique pleine de sombre poésie, et n'est-ce rien qu'une telle idée? A l'horizon Sodôme brûle sous la pluie du ciel; les anges envoyés par le Seigneur s'envolent éperdus de la ville maudite. — A vrai dire, les anges sont beaucoup trop grands; leurs membres, que la croissance vient d'allonger n'ont pas eu le temps de se rattacher pour ainsi dire, ni les lignes brisées, étirées, amaigries le temps de se refondre en ces ondulations souples et harmonieuses qui sont la beauté des anges et des femmes; mais leur vol a vraiment de vigoureux coups d'ailes, mais leur tête a un certain charme étrange, une certaine douleur effarée qui touche à l'originalité. C'est originalité de sentiment, que nous voulons dire; car la forme dans ce tableau, est de cette facilité vulgaire, limpide, fade, qu'on nomme *ponsif*, facilité contre laquelle M. Chambellan doit se rébeller bien fort.

BRASCASSAT, COROT.

Il en est qui vont chercher la poésie bien loin, qui disposent des scènes terribles, éclairées des rayons bleuâtres de la lune et des rouges lueurs des torches et de l'incendie, pleines de regards flamboyants et de lames de poi-

gnard étincelantes ; d'autres s'en vont errer par les prairies, un jour de
soleil et de douce brise. A l'horizon point de cimes géantes, ni de glaciers
où le soleil enfouit des pierreries ; point de torrents écumeux, ni de forêts
échevelées ; rien qu'une campagne verte et rase, où quelques troupeaux er-
rent en liberté ; rien qu'une herbe épaisse, fleurie, humide de rosée, où il
semble que toutes les étoiles de la nuit soient tombées, l'aube venue ; ou
bien encore rien qu'un simple verger, quelques arbres qui se groupent au
milieu des pelouses, du soleil qui découpe sur les gazons des fantômes lumineux, des trous d'azur dans le feuillage sombre, du brouillard dans la
vallée, une mare verdâtre et sournoise, entourée de joncs et d'herbes lan-
céolées, rien que des enfants qui grimpent à un pommier, dont, pour plus
de joie, le fruit est peut-être défendu, rien que cela, — et c'est peu de
de chose, — mais nos artistes que le parfum des prés, que le bleu du ciel
enivrent, qui aiment la nature, reproduisent ces charmants tableaux sans
rien vouloir y changer, dans leur richesse calme et discrète, dans leur riante
sérénité ; et voilà que, sans s'en douter peut-être, ils ont versé à flots sur
leur toile cette poésie que de plus ambitieux se sont contentés de chercher
Quant à ces ambitieux, ils sont en grand nombre et nous vous en citerons
plus d'un. — Brascassat et Corot sont de ces artistes simples, doucement
émus devant la nature, heureux de ses plus humbles beautés. Dans ce paysage de Brascassat, c'est un taureau au poil roussâtre, au regard grave et
bienveillant, au nez rose, et qui lèche une vache tachetée de blanc et de
noir. Dans un autre tableau, un taureau encore, des moutons à la laine
épaisse et âpre, des béliers, des chèvres et un petit chevreau de la physionomie la plus délicate, la plus mutine et la plus intéressante ; car Brascassat ne fait pas seulement avec un talent très-grand ces divers pelages mi-
roitants, ternes, tachetés, mouchetés, ras ou profonds, mais il sait donner à
chacun de ses personnages leur physionomie particulière ; allez ! Pierre ou
Gothon ne s'y tromperaient pas : ils auraient bien vite reconnu, celui-ci Jean-
nette, la vache rousse, celui-là Baby, son petit chevreau. Nous vous avons
décrit plus haut le verger de Corot (effet du matin), où le soleil est doucement voilé par les gazes bleuâtres de la brume, où le feuillage est plein d'air
et de mouvement, où les terrains surtout sont traités avec une grande largeur, où suinte l'humidité de la nuit, en même temps que les parfums du matin s'en exhalent. Nous ferons remarquer seulement à M. Corot que jamais

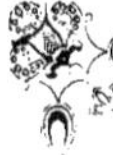

dans ses tableaux le soleil ne se dégage vraiment de ce brouillard de la matinée, qu'on ne sait jamais avec lui à quelle heure du jour on peut être, et
qu'ainsi, à son *Site d'Italie*, il aurait pu ajouter, entre parenthèses, comme
il l'a fait pour son *Verger* (Effet du matin), à moins qu'il n'eût préféré
mettre (Effet du soir). Encore eût-il fallu plus de vigueur dans ce soleil et
plus d'ardeur dans ce ciel.

MEISSONIER, LECARON, WICKENBERG, GUILLEMIN, BIARD.

— *Un bon sonnet vaut seul un long poëme*, a dit Boileau; M. Meissonier ne fait pas de longs poëmes, mais il fait de bons sonnets, car rien ne
ressemble plus à un sonnet où la pensée se concentre comme les rayons du
soleil sur un miroir, où la forme est d'un travail singulièrement fin et dé-
licat, que ces petits tableaux où il faut mettre tant de choses en si peu d'espace, où une touche d'aventure un peu trop large, prendrait presque la
place d'un personnage. Seulement il y a, dans l'exécution de ces tableaux,
des dangers que M. Meissonier, malgré son habileté inouïe, ne parvient pas
toujours à éviter.

Le naturaliste, penché sur les pétales d'une fleur, saisit mal l'ensemble
d'un pays; ainsi pour celui qui se penche trop sur les détails des choses.
L'œuvre de M. Meissonier pèche en certains points par la perspective. La
tête de son joueur de basse ne se détache pas du grand tableau qui occupe
le fond de la chambre. Mais comme cette tête a des modelés fins, étudiés
avec amour! Les mains notamment sont surprenantes; ce ne sont pas les
mains d'un adolescent, encore rondes et bouffies; on y remarque une certaine force mêlée de grâce; elles commencent à s'accentuer, et les muscles
s'y révèlent par cent détails légèrement accusés et reproduits avec une
ténuité inexplicable; nous citerons encore comme un chef-d'œuvre de patience, la chaise en tapisserie où le cahier de musique est posé. Elle a été
faite fil par fil. — On est tenté de dire aux dames qui vous entourent:
Mesdames, connaissez-vous ce point-là? Cependant dans le *Joueur de
basse* et dans le *Fumeur*, du même peintre, cette patiente minutie n'ex-
clut pas une certaine largeur très-rare dans ces sortes de tableaux, et il n'y
a vraiment à reprendre que du côté de la perspective.

— Nous n'en dirons pas autant de M. Lecaron, qui ne vise qu'au succès

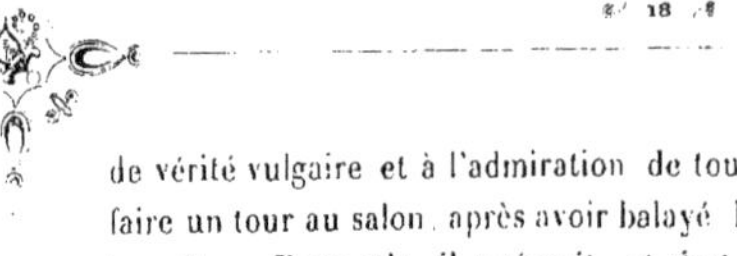

de vérité vulgaire et à l'admiration de toutes les ménagères qui viennent
faire un tour au salon, après avoir balayé leur chambre, et avant de faire
leur dîner. Pour cela, il y réussit, et c'est de leur part mille exclamations
d'un profond ravissement. Aussi vit-on jamais chandeliers plus reluisants,
poterie mieux vernissée et carreaux de cuisine plus strictement lavés? La
vérité va plus loin encore, beaucoup trop loin même dans le *Marchand
d'Abats*, où elle se complaît dans des tableaux dont vous vous faites facilement idée. Possible que de tels sujets plaisent à une marchande de la
halle retirée, mais on peut dire à M. Lecaron qu'il y prostitue un talent
de reproduction très-réel, mais reproduction plate, commune, sans chaleur, qui n'est pas plus de la peinture qu'un recueil de cris des divers
marchands dont la rue fourmille, ne serait de la littérature. L'idéal et la
poésie se retrouvent encore dans les sujets vulgaires, et, pour s'en convaincre, M. Lecaron n'a qu'à étudier les maîtres flamands.

— Cette vérité toute charmante, cette grâce, qui s'arrange à merveille
de la misère et des haillons, Wickenberg la possède au plus haut degré.
Rien de plus patiemment étudié que la tête du vieillard, dans le tableau
le pauvre aveugle et son garçon, cette tête où le travail, une vie rude et
active ont creusé des rides profondes, rides austères que le vice n'a point
touchées, caractères bizarres tracés par la main du temps, et reproduits
avec tant de sentiment et de délicatesse qu'on y lit toute l'existence du
pauvre aveugle. Evidemment il a été soldat et c'est de la guerre qu'il est
revenu ainsi mutilé. La petite fille qui traîne un chariot (un morceau de bois
à un bout de fil) est ravissante; quant aux autres elles sont fort gentilles
aussi, mais elles se ressemblent entre elles, et de plus elles ressemblent encore aux trois petites filles du tableau *Souvenir de la Suède;* c'est la même
enfant à différents âges, et avec des beguins différents. Puisque nous parlons
de ressemblance, disons que ce *souvenir de la Suède* rappelle trop iden-
tiquement un autre *effet d'hiver*, de M. Wickenberg; un déplacement dans
la mise en scène eût dérouté le rapprochement. Du reste, ce sont les mêmes excellentes qualités, la transparence, la solidité, la cristallisation de la
glace, le froid dans l'atmosphère, l'aridité dans les broussailles, la brume
dans le ciel, la bonhomie naïve de l'innocence et les vives couleurs que
donne la bise sur ces frais visages d'enfants, la vérité partout.

— Rester artiste et se montrer comique avec goût, est de tous les mé-

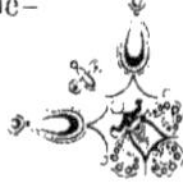

tiers le moins facile, à notre avis. C'est une ligne frontière presque insaisissable entre deux pays également à fuir tous les deux en pareil cas, le
Sérieux et la *Charge*. Dans le premier de ces pays croissent les bâillements,
dans le second, fleurissent les gros rires. M. Guillemin se maintient avec
bonheur sur la limite intermédiaire. Artistes et public sont pour lui; c'est
tout dire. A une couleur riche et vraie, à un dessin toujours scrupuleux et
presque toujours correct. ce jeune peintre joint la fraîcheur d'imagination, de la grâce, un heureux sentiment des physionomies, une certaine
originalité de bon aloi et beaucoup, mais beaucoup d'esprit. Tout en les
laissant à leur place et à leur plan, il a une tendresse particulière pour les
détails qu'il rend avec fini, habileté, coquetterie. On rit devant ses tableaux,
sans en éprouver un secret remords, comme il arrive devant les pochades
de quelques-uns qui ont la popularité. Il y a le *Billet de logement*, un
soldat installé devant l'âtre, avec un laisser-aller tout jovial, une jeune
fille qui prépare le repas, et le père qui sourit tout en faisant, ce nous semble, de paternelles réserves et qui se tient comme on dit entre figue et raisin ; *deux heures avant l'appel*, dans le fond des tentes de bal, une fête de
village; sur le premier plan, deux joyeux militaires. tendrement émus. l'un
jouant du mirliton, l'autre couronné de fleurs, tableau chaud de couleur et
très-fin de ton; la *Digestion*, un curé près du feu. après un succulent dîner, sujet peu neuf, mais où l'on remarque une tête de gouvernante. im-
prégnée si cela peut se dire, d'un certain air vieille fille, fort spirituelle-
ment rendu; la *Satisfaction*, un artiste doucement renversé en arrière
sous l'admiration de son œuvre, dans un atelier dont toutes les curiosités
artistiques et fantastiques sont traitées de main de maître, et enfin, deux
petites ébauches où se retrouvent encore les qualités d'un talent coquet et
savant à la fois, auquel nous pouvons, sans aucune témérité, prédire ce
succès mérité, dont un artiste peut être fier, et qui ne ressemble pas à ces
succès faciles, contre lesquels la conscience se révolte en secret, belles étoffes dont on étale le pompeux endroit, mais dont on ne connaît que trop
bien le côté faible, dont on garde pour soi le vilain envers.

— Sérieusement, M. Biard éprouve-t-il en lui-même ce contentement
que le public témoigne en face de ses œuvres? Que cette *Traversée du
Hâvre à Honfleur*, fasse rire, nous ne le nions pas. Elle fait rire même
ceux qui ne veulent pas rire, ceux qui prétendent trouver, dans ce

tableau, grave sujet de s'attrister. Est-ce bien là une victoire? Ah! sans
doute, il faut l'avouer; si l'on est d'humeur à prendre aisément son parti
sur l'éclipse non complète, mais partielle, des qualités qui font le peintre, si
l'on a peu souci de l'art, si l'on éprouve un médiocre intérêt pour la couleur
et le style, on peut s'amuser à ce grotesque tohubohu de nourrices, de soldats, d'Anglaises, de gendarmes et de dandys, à qui le cœur tourne plus ou
moins. Quant à nous, nous préférons encore ces glaces polaires et ces blanches aurores boréales que M. Biard nous découpe en tableaux accidentés
d'ours blancs. Nous nous disons bien, intérieurement, que puisque M. Biard
voit en bleu notre nature, il se pourrait qu'il vît beaucoup trop en bleu les
terres arctiques; mais c'est-là un petit soupçon dont nous n'irons pas
à coup sûr chercher la preuve. Dans sa *Jane Shore*, M. Biard a fait se
heurter, sur un sombre fond, les lueurs des flambeaux et les rayons de la
lune; de telle sorte que cette jeune femme, vêtue de blanc, renversée à
terre, rouge d'un côté et bleuâtre de l'autre, semble à moitié faite des
glaces et des aurores habituelles de l'artiste. Dans ce tableau, du reste,
comme dans celui de la *Traversée du Hâvre*, on remarque beaucoup d'a-
dresse et la science de la composition. Après tout, M. Biard est trop
homme d'esprit, pour ne pas revenir au côté sérieux d'un talent dont il a
donné des preuves, dans un temps où il ne faisait pas moins rire.

FRANÇAIS, WATELET, F. STORELLI, DE FONTENAY, J. COIGNET, MADAME EMPIS, CÉLESTIN NANTEUIL.

Cette émotion qu'on éprouve au milieu des vastes forêts, cet anéantisse-
ment plein de charmes devant l'œuvre de Dieu, cet enivrement composé de
mille enivrements, de l'odeur de la végétation, du silence immense où l'on
entend pourtant comme un frôlement d'herbe, comme un frisson dans les
hautes cîmes des arbres, cette émotion, nous l'avons ressentie devant le beau
tableau de M. Français, *Un chemin*, un de ces larges chemins tapissés de
velours, une de ces voies désertes et qui ne semblent être si vastes que pour
laisser passage à tout un monde de pensées et de rêveries. Des arbres sécu-
laires que l'automne commence à roussir; sur le premier plan un rond-
point dont le sol a étérongé, creusé par les pluies; à droite, dans l'épaisseur
de la forêt une route ombreuse au fond de laquelle le ciel reparaît, sembla-

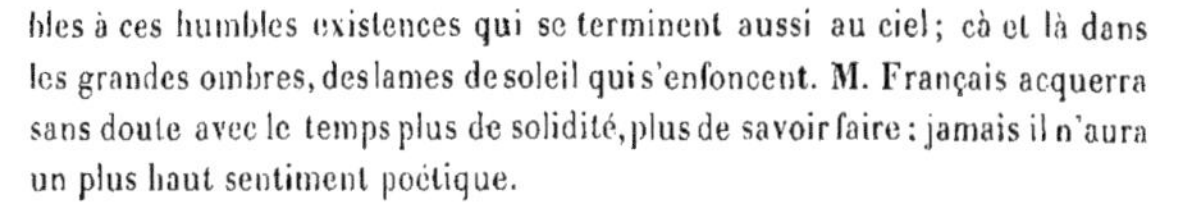

bles à ces humbles existences qui se terminent aussi au ciel; çà et là dans les grandes ombres, des lames de soleil qui s'enfoncent. M. Français acquerra sans doute avec le temps plus de solidité, plus de savoir faire : jamais il n'aura un plus haut sentiment poétique.

— Ah! devant un tel tableau, M. Watelet, quel regret doit vous prendre de n'avoir jamais admiré cette splendide nature et de vous être tenu tout coi dans votre atelier à faire des rochers et des torrents suivant la forme généralement adoptée pour les torrents et pour les rochers! Vous ne nous auriez pas donné cette nature de convention, ces arbres sans épaisseur, ces rochers sans consistance et ces ombres sans lucidité. Voulant faire une *Fuite en Égypte*, vous n'auriez pas pris la *rougeur* pour la *chaleur*, erreur dans laquelle tombent d'ailleurs tous ceux qui n'ont pas étudié les pays méridionaux. Et puisque nous parlons de torrents et de rochers, nous avons décrit par ces deux mots dix tableaux au moins, tous semblables ; le paysage historique de M. F. Storelli fait avec mollesse, mais où le rocher est traité avec assez de vigueur; la *Cascade* de M. Fontenay (cascade ou torrent peu importe), où l'artiste n'a pas été assez maître de son paysage et a laissé les divers plans se livrer entre eux à trop de désordre, mais où le ciel est très-lumineux et les pins séparément bien étudiés; la *Forêt* de J. Coignet, où l'eau du torrent (car nous sommes toujours dans les torrents et dans les rochers) a beaucoup de transparence, et où nous avons admiré des squelettes d'arbres morts, vigoureusement touchés; citons encore la forêt et le torrent de madame Empis, à qui l'on peut demander un peu plus de fermeté, et nous allons sortir pour quelque temps de ces eaux bouillonnantes et pleines d'écume et de ces grandes masses calcaires si solidement, si patiemment créées par la nature, si richement colorées par le temps, hélas! et faites avec tant de fragilité par la plupart des artistes, que le moindre ruisseau les emporterait comme des fragments de décors.

— Jusqu'à ce jour on n'avait trouvé rien de mieux pour représenter un fleuve que de le faire s'accouder sur une urne épanchant une nappe d'eau. D'où venait cette eau qui coulait toujours? elle venait de l'urne, de l'urne inépuisable. Célestin Nanteuil a eu une idée beaucoup plus poétique. Sa naïade, mélancoliquement penchée sur un rocher, a les cheveux dénoués, et ce sont les soyeuses et flavescentes tresses de cette chevelure, ce sont ces flots parfumés et pleins de perles qui se fondent en eau. La métamorphose est toute

gracieuse et le point de transition presque insaisissable ; le front de la naïade
est couronné de nénufars, ces blanches fleurs des eaux ; les gazes qui
tombent depuis les hanches jusqu'aux pieds semblent elles-mêmes toutes
ruisselantes. Le paysage est comme il convient, verdoyant et fleuri, mais le
fonds semble plutôt effacé qu'éloigné. Cette nature toute poétique est d'ailleurs plutôt celle où se promènent les visions bizarres de nos rêves que cette
nature réelle où le grand soleil darde ses splendides rayons.

ALIGNY, CALAME, DIDAY, TEYTAUD, LA BOUÈRE, STORELLI, PARIS, PRIEUR.

Il est étrange qu'avec d'excellentes qualités, les paysages de M. Aligny
ressemblent tant aux tableaux les plus médiocres : ne prenez pas ceci pour
une épigramme : nous n'accusons qu'une ressemblance au premier abord.
La violence, l'air primitif de leurs coloris, qu'une douce harmonie ne
voile jamais, viennent comme à plaisir pour gâter une sévérité, une
noblesse de lignes admirables. Cette année, il faut le dire à regret
M. Aligny n'a adouci aucun de ses défauts. Son paysage, *Hercule
combattant l'hydre de Lerne*, est d'une crudité de tons qu'on prendrait pour de l'inexpérience, si des parties supérieurement traitées, ne té-
moignaient d'un talent vraiment habile, par exemple, l'échappée de vue sur
la droite du tableau, et le ruisseau d'un bleu noirâtre qui s'enfonce comme
une couleuvre entre les rochers du fond. Les arbres — quels arbres ? —
sont composés de gros flocons verts, beaucoup trop régulièrement étagés
et arrondis, rameaux isolés qui n'ont pas, — qu'on nous pardonne l'expression, — qui n'ont pas d'esprit de corps, en ce sens, qu'ils se détachent les
uns des autres, tous au même plan et dans la même lumière, au lieu de
se fondre en un tout harmonieux et homogène, où celui-ci doit être sa-
crifié à celui-là, pour l'ensemble. La lumière, puisque nous en parlons, est
trop éclatante ; l'Hercule qui en est éclairé, semble de terre cuite. C'est tel-
lement l'harmonie qui manque à ce paysage, que nous ne serions pas sur-
pris si les années avec leurs voiles bruns venaient à en faire une œuvre
vraiment belle. Mais l'artiste doit-il ainsi s'en remettre à la main lente
du temps ?

— M. Calame a dérobé à M. Diday, cette grande nuée noire, orageuse, vagabonde, qui étendait ses ailes sombres sur tout un paysage, mais il l'a perfectionnée. Le ciel *du site des environs du lac de Waldstettes*, est très-beau, plein de turbulence et le vent y déchire admirablement des trous de lumière. Quant aux arbres, ils sont, comme d'habitude, faits sans largeur, à moitié peints, à moitié sculptés, chaque feuille faisant paillette. M. Diday n'ayant plus sa grande nuée noire, nous a donné un *Souvenir du lac de Brientz*, par un fort beau temps ! L'onde du lac a beaucoup de transparence et de chaleur ; mais les montagnes du fond sont molles et les arbres sans caractère. Quant aux baigneuses déshabillées et en chapeaux de paille, c'est une de ces fantaisies de goût hasardé qu'il eût fallu laisser aux lithographies luxurieusement enluminées du boulevard.

— Mettons que, dans *sa fuite en Égypte*, M. Teytaud ne soit pas allé, pour le climat, plus loin que l'Italie, et nous nous contenterons de cette tiède matinée, de ce ciel doucement azuré, de ces fonds limpides et délicats, de ces roches tendrement nuancées, qui se mirent trop exactement peut-être, dans une mare d'un bleu turquoise. Il y a beaucoup de sentiment, de fraîcheur et d'harmonie dans ce tableau qui a un air d'aimable parenté avec les vues d'Italie de Corot. A propos de l'Italie on nous permettra bien une exclamation d'abord devant le paysage flamboyant de M. La Bouère, *Vue prise de la villa d'Est à Tivoli;* pour ces arbres enflammés par le ciel, et cette fontaine où le soleil couchant fait un magnifique punch, c'est bien le moins qu'on pousse cette exclamation préalable ! Le premier moment de surprise passé, on reconnaît que l'artiste a pu être véridique et qu'avec un peu moins de crudité, il eût été tout à fait vraisemblable. Son tableau ressemble trop à une décoration éclairée de feux du Bengale rouge et qu'on regarderait par derrière, du côté plongé dans la nuit. Le ciel du levant est encore assez éclairé pour adoucir ces ombres abruptes et à cette lumière doit se joindre aussi celle des reflets. Le sol est-il de terre ou de sable ? Il ressemble à une immense brique que la cuisson aurait rendue violette. Le soleil couchant de M. Storelli se montre moins incendiaire. La silhouette de Rome dans une atmosphère violacée est très-délicatement profilée.

—Les moutons de M. Pâris sont d'une laine chaude, épaisse, où l'on plongerait bien la main, et nous les recommandons au petit pâtre qui a dû sculpter dans du bois blanc, les moutons de M. Prieur, dont le paysage histori-

que manque de vérité; les personnages, contre l'ordinaire de ces sortes
de tableaux, sont dans des conditions de vie et d'action.

H. SCHEFFER, KARL GIRARDET, GUÉ, CLÉMENT, BOULANGER, A. HESSE,
OSCAR GUÉ, RICHOMME.

Qu'elle sera heureuse la femme aimée par ce jeune homme ! Ce regard
calme et limpide, cette bouche ferme et douce, ce visage honnête, ouvert, bienveillant, ce front taillé carrément assez large pour que l'intelligence et la sagesse y soient à l'aise, pas assez pour que l'imagination y
déploie ses ailes tumultueuses et toujours follement agitées, révèlent une
âme courageuse, bonne et simple. Ce jeune homme, c'est Hermann du
poëme de Goëthe ; il emmène Dorothée pour servir comme fille de ferme
chez son père, Dorothée qu'il aime et qu'il épousera. Aussi, comment ne
pas l'aimer cette douce jeune fille, belle, bien plus de la beauté idéale
que de la beauté physique qui, chez elle, est à peine esquissée. A qui met
dans ses personnages tant de pensées, tant d'âme, à qui est poëte avec
Goëthe, et presque autant que lui, est-on bien en droit de reprocher une
couleur terne, sans chaleur, sans vie? En est-il beaucoup dans ce monde,
qui soient complets ? Mais si l'on prend son parti de quelques qualités ab-
sentes en considération de grandes qualités de sentiments et de poésie,
encore faut-il que celles-ci ne fassent pas défaut comme dans le tableau de
Jésus-Christ chez Marthe et Marie. La tête du Christ nous paraît mal comprise, plutôt ennuyée que charitable, plutôt blasée que macérée par la souf-
france. Des deux saintes femmes, la figure de celle qui est debout est assez in-
signifiante; quant à celle qui est accroupie, nous avons bien peur que l'expression de son visage ne ressemble trop à de l'amour terrestre C'est Madeleine et non Marthe ou Marie. Les vêtements sont drapés avec beaucoup
de goût et de grâce. La nature des étoffes en elle-même est inappréciable
et le coloris du tableau est tout conventionnel; rien que des demi-teintes.

—C'est aussi par la pensée, par l'expression que brille l'œuvre de
M. Karl Girardet, *Assemblée de protestants surprise par des troupes
catholiques.* La scène se passe dans une caverne, et ici nous ferons remarquer à l'artiste, que voilà une caverne fort convenablement éclairée ; que
d'appartements se contenteraient de ce jour-là! Il eût été bon qu'on pût voir

la fissure d'où s'échappe cette lumière, ou que la caverne fût éclairée aux flambeaux; nous aurions bien encore quelques observations à faire sur cette caverne, dont les parois sont moiles et nuageuses, mais la terrible action engagée, le désespoir de ces femmes, la brutalité de ces soldats, nous entraînent tout d'abord et maintenant que nous voilà émus, comment nous appesantir sur des détails de minime importance. Le ministre, qu'un des soudards prend à la gorge, est beau de calme et de résignation; nous aimons la tête fanatique et pleine d'énergie du soldat qui rudoie le prêtre et la pose et la menace de celui qui foule aux pieds la Bible. Dans le groupe des femmes, — où il y a du mouvement, — ressort bien la tête austère et obstinée par croyance de la vieille femme sur l'épaule de laquelle une jeune fille s'appuie tout épouvantée. Les fonds ne fuient pas et sont trop pâles, et la couleur de l'ensemble est terne et froide.

— Historiquement parlant, le tableau de M. Gué, les *Trois Maries au tombeau du Christ*, pourrait être plus vrai. Le sépulcre était placé dans une sorte de crypte, puisqu'il est dit que les trois femmes *y entrèrent;* mais si ce tableau s'éloigne de la vérité, c'est surtout comme caractère. Il est fait avec une coquetterie de pinceau, une élégance facile et gracieuse qui s'accorde mal avec l'extrême austérité du sujet. Marie Magdeleine, Marie, mère de Jacques et Salomé ont dans l'expression une certaine afféterie, je ne sais quelle gentillesse assez éloignée de la sainteté. La tête blonde de l'ange, tête d'enfant agrandie, a bien la sérénité de l'éternelle innocence. M. Gué a fait preuve d'un remarquable talent de mise en scène dans la *Réconciliation de Raymond VI, comte de Toulouse, avec l'Église*. Le seigneur altier est agenouillé aux portes de l'église, le bas du corps couvert d'un manteau de velours bleu, les épaules nues; autour de lui le clergé avec toutes ses pompes, les regards curieux du peuple, mais aussi devant lui l'autel et l'absolution. Dans cette foule immense point de pêle-mêle; la lumière et la savante disposition des groupes dirigent tout d'abord le regard à travers les flots pressés vers l'illustre pénitent. L'air joue librement aux points les plus encombrés et les poses sont variées avec un art infini. La couleur dans ce tableau est plutôt chaude que vraie, et la lumière dont il est éclairé n'est pas celle de la place publique; si l'azur du ciel n'apparaissait aux angles du cadre, l'esprit placerait volontiers cette scène dans une vaste salle où le jour viendrait d'en haut avec les reflets jaunes des murailles.

— Cette dernière observation est également à l'adresse de M. Clément Boulanger, au sujet de son tableau *les Ardents*. Des malheureux affectés de ce mal, se sont fait porter au seuil de l'église Sainte-Geneviève, implorant aide et reconfort des reliques de la sainte, les pauvres étendus à terre sur des brancards, les seigneurs sur des litières soutenues par des hommes d'armes ou sous de fastueux dais. Il est à noter que tous ces malades ont très-bonne mine ; aussi cette mère agenouillée auprès de ses deux enfants, a-t elle l'air fort rassuré à leur endroit.

Ce tableau est d'un coloris assez puissant ; nous ne pouvons cependant accepter, sous prétexte de coloris, le haut de chausse de certain page, haut de chausse d'un lilas impitoyable qui attire l'attention d'une façon tout in convenante.

—Ce qui frappe d'abord dans le tableau de M. Alexandre Hesse, *Adoption de Godefroy de Bouillon, par Alexis Comnène* ; c'est que tous les personnages ont le même nez. Il faut être juste partout, il y a un nez pour les femmes, nez droit et modéré, et un nez un peu plus accentué pour les hommes. Ce détail à part, M. Hesse est tout à fait dans une fausse voie, et si l'on reconnaît que cet artiste fait preuve d'une certaine science d'ajustement, il faut ajouter, au plus vite que son coloris est faux, criard, agaçant, hors de toute possibilité ; qu'il est le résultat d'une grande erreur, laquelle, ce nous semble, ne peut durer longtemps, et à coup sûr elle cesserait aujourd'hui, avec la volonté manifeste qu'a M. Hesse de faire bien, si, auprès de son œuvre, le hasard avait placé celle de M. Oscar Gué, *Louis de Bourbon, prince de Condé, devant la cour de François II*. A gauche, sur l'estrade du trône, François II, assis ; en face, sur une estrade moins élevée, Louis de Bourbon debout, se justifiant d'avoir trempé dans la conspiration d'Amboise. Sur le premier plan, les grands officiers de la couronne sur des banquettes, et vus de dos, et le banc des cardinaux, vu de côté ; sur cette scène, le jour voilé et solennel, que donne une haute fenêtre et ses petites vitres. Il y a dans cette salle, de la profondeur et beaucoup d'harmonie ; les attitudes sont diverses comme la nature des esprits et, partant, la nature des têtes. Mais l'attention règne partout. C'est une œuvre d'un sentiment de coloris juste, un sujet froid en lui-même et qui plaît pourtant par un ensemble, une correction harmonieuse, et surtout par sa couleur historique, et nous éprouvons un vif désir de voir le talent de M. Oscar

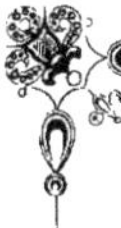

Gué, se jeter dans l'action, le mouvement, l'énergie. Il est assez fort pour ne pas trop redouter le choc.

— Comment expliquer à M. Richomme qu'il a choisi un sujet très-scabreux, chemin le plus difficile à tenir, côtoyé d'une façon effrayante par le mauvais goût, et que son pied a glissé hors de ce chemin, *Abraham, par le conseil de Sara , prend Agar pour femme.* Si cette tête de Sara n'est pas trois fois sainte et vénérable, je n'ose vous dire à quoi elle ressemble infailliblement. Abraham n'a rien de patriarcal ni de grand ; la tête est trop étroite aux tempes, ce qui lui donne un air inintelligent; quant à Agar , qui pourrait être plus vêtue, il y a assez de fermeté dans les chairs, voilà tout ; nous aurions voulu qu'Abraham ne fût pas assis sur ce lit ; la naïveté de certains sujets ne peut être abordée par les peintres, faute de spectateurs naïfs ; et il y a plus qu'un inconvénient à faire avec des histoires sacrées des peintures galantes. Exécution de prix de Rome, de la science emprun-tée, pas de science acquise.

ADOLPHE LELEUX, ED. HÉDOUIN, BELLANGÉ, JACQUAUD, HOLFELD, HILDEBRANDT, E. DE BLOCK, MADAME DESNOS.

M. Adolphe Leleux aime le soleil, il en inonde ses toiles. Pas un nuage sur l'azur, pas de massif épais où l'ombre se réfugie, se faisant un monde mystérieux de fleurs et de perles humides, rien qu'un ciel étincelant, et sur le sol qui scintille quelques silhouettes bleuâtres de personnages, silhouet-tes chaudes et éclairées, et qui ne sont plus de l'ombre. Cette absence du contraste rend ses tableaux un peu pâles au premier aspect, mais si le regard s'y arrête, il ne tarde pas à être ébloui. C'est par un de ces jours rayonnants qu'au son aigu d'un flageolet qui brode un air sur le nasonne-ment prolongé d'une musette, jeunes filles et garçons se sont réunis en une ronde pleine d'entrain et de joie. Nous sommes tout au fond de la Bretagne, de cette Bretagne reproduite par l'artiste avec tant de vérité , qu'on la reconnaît, ne l'ayant jamais vue, et qu'on sent, un moment, comme une émotion du pays natal, pour un pays inconnu. Les poses va-riées à l'infini se rallient pourtant en un mouvement, en une impulsion commune et irrésistible ; les têtes ont toutes le caractère breton , et toute-fois elles ont chacune leur caractère. M. Adolphe Leleux a un vif sentiment

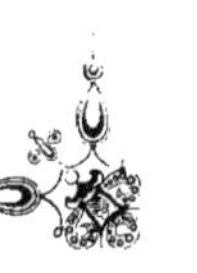

du coloris, et nous le répétons, si ses tableaux paraissent pâles, c'est que le soleil adoucit ce coloris à force de lumière.

Le *Paralytique*, du même peintre, est aussi une œuvre remarquable où la critique ne trouve à glaner que de maigres détails. Par exemple, les mains sont faites trop brutalement. On ne sait d'où les voir. De loin on y distingue peu de chose, et de près on n'y distingue rien.

— Une plaine verte et rase, avec quelques ondulations du sol, des moutons épars, un berger picard avec sa fille, assis au premier plan ; sur cette scène, des nuages grisâtres qui laissent voir à l'horizon un ciel d'une lumière blanche et froide, voilà le tableau de M. Ed. Hédouin. L'artiste y révèle beaucoup de sentiment et la science du coloris Cette verdure monotone de la plaine est faite sans monotonie, habilement accidentée par des teintes, des ombres, des reflets, des accidents de tons scrupuleusement étudiés. Il y a une certaine largeur et du caractère dans les costumes du paysan et de la jeune fille ; nous aurions désiré plus de vérité et d'expression dans les têtes. Que se disent-elles ? Quoi qu'il en soit, M. Ed. Hédouin a déjà la poésie, la vérité, l'étude. Ce qui lui reste à acquérir, à lui qui est jeune, se paye avec une monnaie dont tout le monde voudrait être aussi riche, — le temps.

D'ordre, nous n'en suivons guère comme vous le voyez. Nous avons une méthode toute particulière de classement ; les sujets sont peu pour nous ; nous groupons plus volontiers les artistes par la similitude de leur nature, nous en faisons comme des familles ; en ce moment, nous nous préoccupons surtout des peintres de sentiment ; à ce titre, le nom de M. Bellangé nous revient tout d'abord en mémoire comme celui d'un ami, qu'on aurait oublié. C'est qu'on est toujours sûr de trouver dans ses tableaux une pensée délicate, finement rendue, de la sensibilité, de la grâce et à coup sûr du goût.

Il y a vraiment un sentiment exquis dans le *Départ des conscrits* de cet artiste. Ce sont des paysans bretons dans leur costume caractéristique. L'impulsion est donnée à la barque qui les éloigne du rivage natal. La couleur est vraie, les poses sont naturelles, l'air circule bien entre les personnages, et, qualité plus précieuse, il y a une âme sous leur visage, des pensées dans leur regard. Le soldat qui semble fort aguerri à de semblables scènes, et le jeune homme accoudé qui dérobe ses larmes sont remarquablement conçus. De la fraîcheur dans les fonds du paysage et de la transparence dans le ciel. Les autres tableaux de M. Bellangé sont également exécutés avec esprit et adresse; nous citerons particulièrement le *Maréchal ferrant*.

— Cette réflexion nous est venue en face du tableau de M. Jacquand, *le Ministre médecin*, que la religion protestante est une amie, une consolatrice bien triste et bien froide pour ceux dont l'agonie glace le chevet. Rien, mon Dieu! rien qu'une lecture ou une exhortation monotone et sévère et que le moribond peut à peine entendre, et la mort si près! La tête de la mourante. — une jeune fille qui se meurt de la poitrine, sans doute, — est saisissante, bien diaphane sous cette terrible et rapide combustion de la vie; mais le bras manque de relief, il s'incruste dans le drap du lit. En général, c'est le relief qui manque dans ce tableau qui est habilement composé; les accessoires traités avec vérité ne se détachent pas assez du fond. La couleur est un peu enfumée, et les ombres manquent de légèreté. Mais, nous le répétons, la tête de la jeune fille, et celle du ministre médecin aussi sont comprises et rendues avec âme. De grandes qualités de composition et de vérité historique recommandent le tableau officiel du même artiste: *Henri de Bourgogne recevant l'investiture du royaume de Portugal.*

— Rien de vrai dans le tableau de Holfeld, *la jeunesse de Rembrandt*. Pour que l'enfant de génie s'arrêtât à reproduire au crayon les jets vigoureux de lumière d'un feu de forge, encore faudrait-il que ces jets vigoureux de lumière jaillissent en s'irradiant dans la nuit; il n'en est rien en vérité. Zvaanenburg, le maître de Rembrandt, a l'air d'un soudard, artiste en estocades; la couleur est noirâtre et impossible.

— La naïveté, mon Dieu! voilà le grand et rare mérite; grâce à elle, M. Hildebrand a fait un charmant petit tableau, les *Pêcheurs Hollandais*; rien qu'un pauvre homme assis à côté du produit de sa pêche, et trois enfants joufflus et roses qui le regardent; roses est beaucoup dire, car les chairs sont un peu trop bistrées. Tous les détails sont simples, charmants et vrais.

— Dans son tableau, *ce qu'une mère peut souffrir*, M. de Block s'en est reposé, pour la tristesse et le deuil du sujet, sur une couleur terne et noire. Au premier abord, on se dit: Quelle scène poignante! En y regardant de plus près, on voit que cette mère, qui souffre, jouit d'un aimable embonpoint, qu'elle a le bras assez beau, et que les joues de ses enfants sont encore d'une bonne rondeur. Nous préférons les autres tableaux de ce peintre et

surtout *la Kermesse flamande*. La tête du vieillard guilleret qui danse
est très-finement étudiée et celle de la jeune paysanne qui rit est vraiment réjouissante. Il y a dans ce sujet de l'entrain, du mouvement, de la
gaieté et de l'observation. Mais le coloris en est faussé, il part de tous les
plans du tableau des reflets jaunes qui ne sont pas le moins du monde mo-
tivés; cette couleur jaune envahit tout, jusqu'aux frais visages de ces enfants
qui jouent derrière un jupon rouge. Le noir dans le premier tableau, le
jaune dans le second, voilà deux ennemis que compte M. de Block. Qu'il s'en
garde.

— Le tableau de madame Louise Desnos est bien grand pour ne conte-
nir qu'un enfant fort joli, dont la pose est toute gracieuse. Il nous semble que cette ravissante petite fille doit être la joie, le ravissement de la
mère; mais qu'elle passe la nuit dans la prière, qu'elle ait une volonté
inébranlable, dans un âge si tendre! Oh! elle a été trop bien élevée pour cela.
Une sainte est belle, et sainte Geneviève devait l'être à cet âge, mais c'est
d'une beauté sauvage et qui s'ignore. Saint Germain est drapé avec goût
et ampleur. Quant à cette petite fille que madame Desnos a peinte avec
tant de charme et de goût, nous ne pouvons que l'engager fort à retourner
à son piano.

ED. GIRARDET, DUVAL-LECAMUS, ANGELIN, DAUZATS, GUDIN, L.MEYER. MOREL-FATIO, JUGELET, LAUVERGNE, H. GOBERT, J.-L. PETIT, BARRY.

— On pourrait intituler deux des charmants tableaux de **M.** Edouard
Girardet: *Histoire d'une famille aux yeux bleus*; l'artiste les a nommés
La lecture de la Bible et *la Bénédiction paternelle*. Dans le premier de
ces tableaux, un brave paysan, père de famille, avec des yeux bleus, belle
tête où le travail a tracé ses rides profondes, tête très-finement étudiée, est
entouré de ses enfants aux yeux bleus, notamment une petite fille dont le
regard a une fixité pleine d'intelligence et un beau nourrisson avec des
yeux bleus également, deux bluets sur une rose; — au second acte de ce
petit drame nous les retrouvons tous, mais hélas! le père est au lit de mort;
la fièvre a bleui son visage hâlé; ses yeux bleus sont devenus gris: les enfants ont grandi, et cette petite fille en qui nous trouvions déjà de l'âme,

montre une douleur profonde, raisonnée, poignante; ce sont deux scènes comprises avec naïveté, rendues avec goût, mais sans assez de vigueur. Les accessoires sont plutôt accusés que faits.

— Une justice à rendre à M. Duval Le Camus, c'est que ses petits tableaux n'inspireront jamais de coupables pensées; on pourrait les comparer à tous les contes moraux publiés sous le titre de *Conseils à ma fille, conseils à mes petits enfants*, etc. C'est la même bonhommie vertueuse et sans art. Par exemple, dans la *Bénédiction des Orphelins*, ce prêtre assis au milieu de ces enfants, doit être sans contredit un excellent homme, mais d'une bonté trop simple, d'une *bonté mouton*. Le coloris a des tons jaunâtres et maladifs. M. Duval Le Camus est bien supérieur dans ses petits portraits en pied; il y met vraiment une certaine largeur et paraît comprendre très-finement l'air et le caractère de ses personnages. Quelques détails seulement laissent prise à la critique.

— En art, on peut admettre les similitudes de talent, mais non l'imitation. Or, dans le tableau de M. Angelin, les *prisonniers arabes de la Sickak*, à Marseille, il y a imitation manifeste de Delacroix, c'est-à-dire la manière sans le cachet individuel, l'argile sans le souffle créateur. Cependant ce tableau témoigne des qualités réelles de l'harmonie et de la couleur; sous le chaos de touches dont l'artiste fait les nus, on retrouve assez bien, à distance, l'illusion du dessin anatomique; que M Angelin fasse le triage de ce qui lui appartient dans ce tableau, et qu'il travaille à une œuvre *faite avec lui-même!*

— M. Dauzats a sculpté avec une délicatesse inouïe les boiseries du chœur de son *Intérieur de l'abbaye de Saint-Bertrand de Comminges*. Avons-nous dit sculpté? Nous nous sommes trompé, nous voulions dire *peint*. Il y a dans cette nef, de l'air, de l'espace et comme le bruissement des églises. Perspectives linéaire et aérienne en harmonie! Le jour traverse véritablement les vitraux du fond et il éblouït le regard. Un doute seulement. La ligne creuse, qui est l'interstice des dalles dont l'église est pavée, n'est-elle pas trop profonde, et n'y aurait-il pas danger qu'en passant, le pied s'y accrochât. Il y a beaucoup de mouvement, de couleur et d'énergie dans la bataille d'Almanza, du même peintre, mais les détails rentrant un peu dans la science stratégique, on nous pardonnera de ne pas nous exposer dans la bagarre pour y chercher une description.

— N'est pas peintre de marine qui veut. D'abord, il faut être poëte. La poésie est comme un parfum de la mer ; et cela est si vrai que le sentiment poétique se retrouve chez tous les marins ; exquise délicatesse recouverte d'une rude écorce! A un sentiment profond du coloris, il faut joindre les qualités de mouvement et d'énergie exigées de ceux qui font des batailles; car les conditions changent pour l'artiste suivant que dans son tableau c'est la mer où l'homme qui domine. Ou le navire passe à distance, au plus à portée d'être hélé, et l'artiste doit être peintre de marine; ou le navire vient s'embosser dans le cadre, cachant presque entièrement la mer, et l'artiste doit être peintre de batailles, et nous montrer l'escalade impétueuse et l'ardente mêlée. M. Gudin est un peintre complet, en ce sens qu'il réunit ces deux talents bien distincts que nous nommerons, sauf définition plus claire, le talent maritime et le talent humain. C'est le dernier qui règne en maître dans le beau tableau : *Prise à l'abordage de la goëlette anglaise, le Hasard par le Courier.* Cet audacieux fait d'armes de M. de Noailles a trouvé un chaleureux interprète. Il y a beaucoup de mouvement, de désordre et d'élan dans ce combat corps à corps où les Anglais plient et sont culbutés sous l'attaque. Toute cette scène est composée avec fougue et toutefois avec clarté, bien éclairée et adroitement enfermée dans cette antithèse du pavillon français qui flotte et du pavillon ennemi abattu et qui se noie. Dans les autres tableaux de M. Gudin qui tous représentent la mer, — cette maîtresse inconstante, qui a toujours pour ceux qui l'aiment de nouveaux sourires ou de nouvelles colères, — dans ces tableaux, il nous semble que l'artiste tombe parfois dans le métier; qu'il s'en fie trop à sa main dont l'habitude est grande, au lieu de renouveler son inspiration aux sources pures de l'impression récente. Ainsi (n° 865) se trouve tout ce qui constitue la réverbération de la lune dans l'eau, sauf pourtant le scintillement, l'illusion. En maint autre tableau l'eau est sans transparence, sans fluidité. Mais comme ce beau talent, quand il secoue ce laisser-aller, se retrouve dans toute sa puissance! Est-il rien de plus fin de ton, de plus accidenté dans sa plate monotonie que cette côte de Bretagne, vue par un soir d'automne (n° 869); rien de plus désolé et de plus poétique que ce coin de falaises abruptes, ce navire brisé sur des récifs, ces nuages orageux qui se fondent en teintes noirâtres, ces vagues irritées, fouettées par l'orage, jaillissantes sur les rochers, y rebondissant comme des lanières qui,

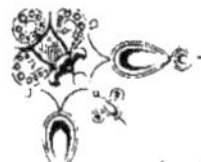

à chaque coup, se dissiperaient en poussière? Une remarque générale à faire pour les marines de M. Gudin, celle-ci exceptée pourtant, c'est que tous les nuages semblent des flots de cendre répandus dans l'espace, mais comme d'autres peintres de marine ont donné à leurs nuages cette forme molle et poudreuse, il est à croire que le spectacle s'en offre souvent en mer; aussi n'est-ce pas une critique que nous faisons, c'est une remarque.

— Le talent de M. L. Meyer a cette double face dont nous parlions tout à l'heure, et se manifeste sous ces deux aspects d'une manière très-remarquable. Nous avons peu vu de mers aussi mobiles, aussi diaphanes, aussi profondes que celle de son tableau : *Bateaux pêcheurs en Normandie.* C'est une mer verdâtre, *moutonneuse*, dont les flots se couronnent d'écumes et se parent de reflets chatoyants. Le ciel est parsemé de nuages violets et jaunes, déchiquetés aux bords, et que les rayons du soleil illuminent. Le disque de l'astre est caché par une voile dont la chaude transparence est admirablement rendue. Ce tableau est d'une couleur vigoureuse et d'une lumière éblouissante. Dans l'*Incendie du navire anglais l'India*, M. Meyer aborde le côté dramatique de son talent. Le riche navire est la proie des flammes, et ici disons que ces flammes sont peintes trop crûment ; elles sont éclatantes, mais non lumineuses. Sur deux frêles barques, dans toutes les attitudes du désespoir, balottés par une mer sourdement irritée, les passagers du navire incendié sont entassés pêle-mêle, hommes, femmes, enfants, pressés, renversés, brisés par l'épouvante. L'eau qui, dans ce tableau, a les tons du vert opulent de la mousse est également très-profonde et *très-mouvementée*. Il y a beaucoup de terreur, de désordre et de dramatique dans les groupes immobiles et pourtant tumultueux des barques et l'ensemble de cette scène est d'une sombre harmonie. M. Meyer s'est placé très-haut cette année comme peintre de marine.

— Le *Combat d'Algésiras*, de M. Morel Fatio, est traité soigneusement. Les agrès sont faits avec finesse et bien débrouillés, l'eau même a de la limpidité; ce qui manque à ce tableau c'est la poésie et la largeur; l'inspiration n'a pas suivi le peintre dans ces détails minutieux ; de plus la ligne d'ombre qui règne sur le premier plan et semble projetée par le cadre, nuit au niveau de l'eau, la fait tomber. Dans *la victoire du cap Saint-Vincent*, les navires ont également beaucoup de vérité, mais les flots sont tranchants et durs comme des pointes de silex.

— Dans son tableau les *feux de la Saint-Jean, rivière de Chateaulin,* (*Bretagne*), **M.** Jugelet a employé le contraste, toujours un peu violent et heurté, de la lumière blanche de la lune et des lueurs flamboyantes du feu, mais il l'a fait avec talent. La lune rayée par des nuages très-bien éclairés se reflète avec beaucoup de vérité dans le flot. La réverbération du feu envahit de ses grandes draperies rougeâtres les murs de la vieille église, et jette dans les groupes de paysans assemblés une chaude animation. Il n'y a que les arbres placés entre le blanc et le rouge, entre la lune et le feu qui ne savent trop quelle contenance tenir, ou pour être plus exact, quelle couleur garder. Ils restent dans une lumière de fusion éclectique, mais peu vraie. Nous aurions préféré qu'ils fussent partagés en deux zônes, argentés au sommet et dorés en dessous. Les autres tableaux de **M.** Jugelet offrent tous des qualités réelles de coloris et de vérité.

— Le *Naufrage de l'Astrolabe,* par **M.** Lauvergne est d'un bel effet, mais on voudrait pouvoir suivre mieux dans l'ombre épaisse où elle est placée, les aspérités de la côte. L'eau qui blanchit sur les récifs est très-bien fouettée, le navire admirablement fracassé ; les nuages roses, noirs et violets ont peut-être trop de mollesse.

Quand nous aurons cité *la Plage à l'entrée du port de Boulogne,* par **M.** Gobert, où il y a du coloris. La vue du port de Cherbourg, par **J.-L.** Petit, tableau d'une finesse charmante où l'eau est très-diaphane et les fonds traités avec une grande habileté (disons ici que **M.** Petit a peint une suite de vues des côtes de France, qui ont obtenu un succès mérité), et *la Vue des environs de Marseille,* par **M.** Barry, où la mer, d'un vert jaunâtre, est fort belle, tout sera dit sur les peintures de marine ; après ce voyage de long cours, nous pourrons aborder en terre ferme ; et, s'il se présente encore quelque partie liquide à traverser, maintenant une simple barque y suffira.

WINTERHALTER, AMAURY-DUVAL, COURT, GEFFROY, DUBUFEE, DUBUFFE FILS, J.-B. GUIGNET, EUGÈNE DEVERIA, ROLLER, CHAMPMARTIN, MOTTEZ, SERRUR, LELOIR, BAUDERON, SÉB. CORNU, A. FLANDRIN.

Le *faire* de **M.** Winterhalter a une grâce, une coquetterie qui veulent des sujets gracieux et coquets. Nous croyons fort que si cet artiste avait à peindre un portrait d'homme, une de ces têtes sévères et puissantes, qui doivent être traitées avec largeur et hardiesse, nous croyons fort que son pinceau resterait mou, sa touche indécise, son coloris sans vigueur. Mais pourquoi entrer dans le domaine fâcheux des suppositions? M. Winterhalter a fait des portraits de femmes et d'enfants, et les tons faciles, légers et brillants de sa peinture sont tout excusés. Cependant le *portrait de la Reine* aurait pu être traité avec plus de sévérité; à l'artiste il appartenait de laisser un peu plus dans l'ombre les détails écrasants d'une riche toilette et d'obéir un peu moins au désir, peut-être puéril, de se montrer habile ouvrier en velours et en dentelles. La tête, dont les modelés sont finement étudiés, eût certainement gagné en expression, et pris, dans le tableau, la place qui doit lui revenir. Dans le *portrait du comte de Paris*, les carnations sont faites avec beaucoup de fraîcheur et de velouté; les dentelles, se détachant faiblement sur un fond de satin gris, se trouvent forcément rester l'accessoire. La pose de l'enfant, dans le portrait de madame Duchâtel, est dessinée incorrectement et la tête faite sans grâce; mais, en revanche, la tête de la mère est fort belle. le regard bien posé, les tons de la peau pleins de chaleur et de vie. Il aurait fallu éviter les bouffants du haut de la manche, qui continuent la ligne des épaules en l'exagérant d'une façon disgracieuse.

— On ne peut peindre avec plus de finesse et de pureté que M. Amaury Duval, et aussi avec plus de sentiment. Son portrait de femme doit être d'une ressemblance morale aussi parfaite que la ressemblance physique. Le regard pense, les chairs sont faites sobrement, avec simplicité, et ont comme une douce moiteur; ce qui fait défaut au portrait, c'est le relief. Cette belle tête est plate et ne se détache pas du fond; elle a la vie de l'âme, et c'est une grande qualité; il lui manque un peu l'animation de la vie vulgaire

— M. Court continue à faire abus du talent prestigieux qu'il a pour les étoffes et les dentelles, et ces beaux rubans de satin blonds et bruns qu'on nomme chevelure. Talent prestigieux, en effet, et dont la robe de guipure, dans le portrait de la princesse russe, est un des plus remarquables produits. Sans doute on doit éprouver du regret à sacrifier des accessoires aussi habilement traités; mais enfin, ô princesse russe! n'êtes-vous pas jalouse de votre robe? Si vous vous retournez vers nous, grâce à une pose assez forcée,

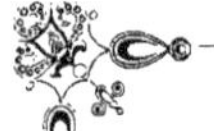

c'est, toute coquetterie à part, je le veux bien, c'est toujours pour être vue, et l'on ne regarde que votre robe. Comment M. Court, qui est un artiste de tant de talent, ne veut-il pas comprendre ce que c'est que l'harmonie en peinture! Mêmes défauts dans les portraits du roi et de la reine de Danemark, où les têtes sont molles, inanimées, sans relief. M. Court fait bien l'étoffe de la chair comme toutes les étoffes; mais y a-t-il une tête dessous?

— M. Geffroy a une finesse exquise de modelé et un coloris d'une grande richesse. Rien de charmant, de frais comme ses divers portraits d'enfants; les poses sont naturelles, les membres jouent avec souplesse, les vêtements sont faits avec coquetterie. Quelquefois pourtant M. Geffroy donne à ces joyeux enfants, aux joues roses et rebondies, certain air souffrant qui jure avec cette belle santé; cela tient à des plis accusés par le sourire aux commissures de la bouche, et qui ressemblent trop à des rides. Sauf ce détail, tout est lumière, fraîcheur et grâce dans ces charmants portraits

— Nous avons été assez sévères, les précédentes années, envers M. Dubuffe, pour qu'il nous soit permis de louer chaudement un des portraits qu'il a exposés cette année, celui de *la fille de M. le maréchal de C.* Rien de poétique et de charmant comme cette tête; le jour vient de côté en caressant l'oreille, et projette sur le visage l'ombre légère des touffes de cheveux bouclées. Ces oppositions de lumière et d'ombre accentuent très-vivement cette gracieuse figure, en dessinent bien le caractère. Inutile de dire que la robe de velours noir est supérieurement faite Les autres portraits de M. Dubuffe sont loin d'être aussi satisfaisants; mais tenons-nous-en à ce progrès évident, et souhaitons que M. Dubuffe s'y tienne comme nous.

— Le mot *progrès* appelle sous notre plume le nom de M. Dubuffe fils, dont le portrait représentant madame E. D. mérite les plus grands éloges; et d'abord, éloge qui n'est pas tout à fait à son adresse pour la mise et la pose, qui sont d'un goût exquis! La tête est peinte simplement, avec fermeté et pureté tout à la fois; le modelé en est fin sans sécheresse, la couleur chaude et harmonieuse. Le goût parfait dont nous parlions à l'instant se révèle encore dans les accessoires, qui sont habilement et sobrement traités. *La Foi, l'Espérance et la Charité,* du même artiste, ne sont pas des compositions de haute allégorie, l'action seule expliquant la pensée, et les trois personnages pouvant changer de rôle sans que le sens des tableaux en souffrît. En un mot, les figures sont sans caractère précis; et cette blonde Alsacienne,

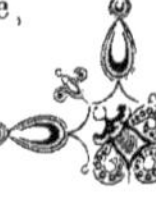

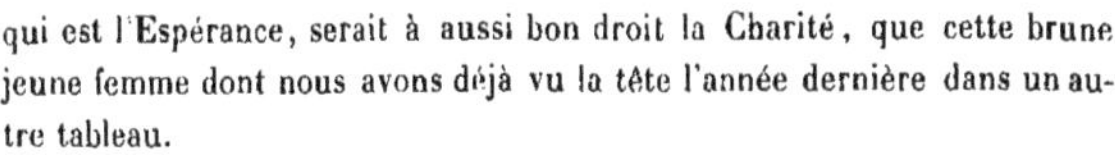

qui est l'Espérance, serait à aussi bon droit la Charité, que cette brune jeune femme dont nous avons déjà vu la tête l'année dernière dans un autre tableau.

— Le portrait de M. Pradier, par Guignet, est d'une exécution large et sévère; la tête est expressive; le regard a de la puissance, mais les tons de la chair sont trop amortis, la lumière en est trop éteinte. Il semble que l'appartement où se trouve le statuaire est sombre et froid, et que le ciel doit être couvert. Félicitons M. Guignet d'avoir complétement dissimulé notre hideux costume par ce revers de manteau en velours, drapé sur l'épaule et admirablement drapé. La main est superbe, d'une forme et d'un modelé excellents, d'une fermeté grande. Mêmes éloges au portrait de M. W., et même remarque sur le ton blafard des chairs et de l'ensemble. En général, tous les portraits exposés par M. Guignet sont des œuvres supérieures, traitées avec habileté et largeur.

— M. Eug. Devéria ne nous paraît pas en progrès. Ses portraits de M. et de madame D. R. exagèrent précisément cette animation que nous voudrions voir à certains portraits de M. Guignet, et n'en ont pas les qualités d'harmonie et de grandeur. Les vêtements seuls témoignent d'un faire habile; *le tissu en est moelleux*, mais c'est là un médiocre talent dont M. Eug. Devéria a pour coutume de ne pas se contenter.

— M. Roller, dans son portrait de M. Coriolis, membre de l'Institut, a reproduit avec énergie une tête fort caractéristique, mais il l'a fait d'une façon un peu abrupte, sans en adoucir assez l'expression. Il en résulte que M. Coriolis semble dans un accès de colère concentrée, dont le spectateur bénévole se demande vainement la cause. Modelé très-ferme et très-étudié.

— Les portraits de M. Champmartin n'ont pas toute la consistance et la largeur qu'exigerait leur grande dimension. On y remarque des parties très-brillamment traitées, et les détails, d'une exécution habile, ne peuvent constituer un ensemble complet, harmonieusement lié. L'inexpérience des fonds nuit sans doute beaucoup au portrait, si bien traité qu'il soit. Aussi recommandons-nous particulièrement à cet artiste l'usage des draperies. *Remus et Romulus* sont une gracieuse étude d'enfants; les têtes sont charmantes, et les nus faits avec beaucoup de fermeté et de soin, et d'un coloris vrai.

— Citons, car l'espace nous fait défaut, le portrait de femme de

M. Mottez, qui nous paraît bien ascétique, et de ce pinceau pâlissant
et amaigrissant dont M. Chasseriau maltraite les gens; la robe et les draperies noires sont très-belles. — Un portrait de femme de M. Serrur : tête
fine et chaudement peinte, bras mous et belles étoffes; — un portrait en
pied de *la marquise de F..., et son fils*, rendu avec un vrai talent et des
qualités supérieures de peinture par M. A. Leloir. Deux bons portraits par
M. Bauderon; — les deux gracieux portraits un peu crus de tons de M. Séb.
Cornu; — un portrait de jeune homme, par M. A. Flandrin, fait avec une
certaine puissance et de la chaleur; — un portrait de vieillard par M. Vinchon.

CH. LANGLOIS, PHILIPPOTEAUX, JOURDY, DELABORDE, CHERELLE, RIESENER.

Vous avez eu dans les mains de ces livres de vieux auteurs où les pages
sont composées de trois ou quatre lignes de texte, le reste se trouvant en-
vahi par un immense commentaire. Le tableau de M. Langlois, *le Combat
de Næfels*, nous les a rappelés involontairement. C'est un pêle-mêle, une
bagarre énergique, occupant un coin d'un fort beau site, que M. Langlois
nous explique en une page et demie de marches et de contremarches, dans
le livret. Nous y avons vu, non pas toutes les choses, mais une mêlée assez
fougueuse et un beau paysage, notamment deux montagnes de rochers,
l'une dans l'ombre, l'autre dans la lumière, faites avec solidité, dont les
accidents de tons sont scrupuleusement observés et reproduits avec un coloris vigoureux, trop brillant peut-être.

— La *Défense de Mazagran*, par M. Philippoteaux, a le tort de ne
pas saisir tout d'abord l'attention par une exposition claire et précise. C'é-
tait difficile, sans aucun doute; peut-être eût-il fallu moins tenir compte
des personnages et des gestes et faits épisodiques, et nous montrer la scène
de loin, plus en petit dans un plus grand espace; le nombre des assiégeants
se fût trouvé augmenté selon la vérité historique, et l'on eût mieux compris
l'ensemble de l'attaque et de la défense; mais il eût fallu perdre des détails
rendus avec une grande énergie, l'ardeur individuelle des assiégeants, les
poses hardies et toute la partie anecdotique. M. Philippoteaux nous paraît
avoir fait de sensibles progrès du côté de la vérité du coloris.

— Ces mots *peinture historique* nous ramènent, à travers les âges, au *Prométhée enchaîné* de M Jourdy, et qui est enchaîné au rocher plutôt que sur le rocher. Nous l'aurions préféré à demi couché. Ce détail à part, le tableau de M. Jourdy annonce des études sévères et de la vigueur. Le torse du Prométhée est très-beau, plein de souffle, de vie et de force; les femmes accroupies à ses pieds et qui se lamentent, ont de la grâce, du laisser-aller; les chairs n'ont pas assez d'animation, elles contrastent trop par leur pâleur avec le corps chaudement coloré de Prométhée. M. Jourdy a un dessin correct, il comprend la couleur, mais n'en est pas encore maître; l'harmonie lui fait défaut.

— Dans *l'Offrande à Hygie*, de M. Delaborde, la jeune fille, presque nue, est faite avec un pinceau chaste et ferme; la tête est d'un type de beauté élevé, le modelé du corps est souple et savant; seulement, les ombres sont un peu lourdes, et les accessoires; colonne, marbres, trépied, n'existent pas.

— Il y a de la verve et une grande puissance de coloris dans *la Pomone* de M. Chérelle. Seulement, est-ce bien Pomone? Un sujet antique n'exige-t-il pas plus de simplicité, des lignes d'une beauté plus sévère, une lumière plus calme, moins de fantaisie en un mot? Question de peu d'importance après tout! Passons sur l'erreur mythologique, et acceptons une œuvre originale et forte, conçue avec hardiesse et individualité, mais d'un dessin trop incorrect.

— Cette beauté antique, beauté surtout corporelle, a été bien comprise par M. Riesener dans sa *Clytie changée en héliotrope*. Le corps de la nymphe est d'une grande richesse de formes, d'une carnation chaude et vraie. Nous avons admiré la belle draperie qui couvre les jambes. Toute la pose est d'une grâce infinie, pleine d'alanguissement et d'amour. Les tons du paysage sont un peu crus et violents, les rayons du soleil sont presque matériels, l'eau du fleuve a beaucoup de transparence et de tiédeur. Somme toute, c'est là encore une œuvre originale, riche de promesses.

LESTANG PARADE, SIGNOL', CHASSERIAU, BOISSARD, A. FRAGONARD, GROS CLAUDE.

Il y a certainement de la richesse d'imagination et de l'éclat dans le tableau de M. Lestang Parade, *Bethsabée à sa toilette*; — les étoffes surtout ont un glacé, un moelleux étonnant et des plis très-souples et très-soyeux. Mais les chairs, de quelle étoffe sont-elles ? Est-ce que jamais la vie a circulé sous cette peau ? On ne sent pas assez que c'est du sang qui coule dans ces veines. Le paysage est frais et éclatant tout à la fois et plein de lumière.

— M. Signol nous a donné une seconde édition de *la Femme adultère aux pieds du Christ* ; seulement la pécheresse relève, sous le pardon, son front, qui, dans le premier tableau, était penché sous la honte. Ce sujet comportait-il deux actes ? Nous ne le pensons pas. Le tableau de cette année était le seul possible ; c'est le même dessin sans élégance, la même coquetterie d'ajustement, la même sagesse, un peu froide de pinceau. La *Madeleine repentante*, de cet artiste, est d'un type poétique, mais non pas original. Nous avons déjà vu maintes fois cette figure éteinte dans les larmes, amaigrie par la pénitence. La pose est pleine de douleur et de repentir, et le corps d'une beauté coupable ; quant aux rochers du fond, autant aurait valu, ce nous semble, une nuit vague et sombre, sans ambition de rocher.

— M. Chasseriau fait des progrès presque en dépit de lui-même. En dépit de lui-même, parce que la manière vient dénaturer, fausser les meilleures inspirations. Il a surtout gagné, et beaucoup gagné, du côté de la couleur, et, sous ce rapport, son *Esther se parant pour être présentée à Assuérus*, est notamment très-remarquable. Mais certainement, jamais cette jeune fille n'a paru *aimable et ravissante* à tous ceux qui la voyaient. Qu'on ait admiré la beauté, la juvénilité de ce corps souple et svelte, rien de mieux, et nous déclarons nous ranger du camp de ces admirateurs ! mais pourquoi cette figure allongée, ces yeux hagards, cet air sauvage ? Il n'y a pas d'âme sous ce visage, il n'y a pas sur ce visage cette grâce, cette finesse, cette beauté souriante qui tient lieu d'âme à tant de femmes. Dans les autres compositions de M. Chasseriau, dans *la Descente de croix*, par exemple, on retrouve les formes contournées, cherchées, qui sentent le parti pris, le système. Que M. Chasseriau étudie la nature, sans prévention, et il sera un peintre et l'individualité bonne et vraie, qui est dans sa nature, refleurira bien vite sur cette sécheresse de l'étude !

— Rien de brillant et de charmant comme *la jeune Femme jouant avec une Perruche*, de M. Boissard. Ce tableau, très-fin de ton, est d'un coloris chaud et d'une distinction rare ; les accessoires, les draperies, les

mille détails d'une chambre de femme , sont traités avec coquetterie. Il y a
certainement dans l'atmosphère des parfums et de la volupté. La tête est
ravissante de fraîcheur et de mutinerie; toute la gorge et les bras sont d'une
carnation vraie; la partie inférieure du corps seulement manque absolument
de souplesse, elle semble de carton peint.

— Une belle étude de nu, ce sont encore *les Femmes chrétiennes li-
vrées aux bêtes*, de M. A. Fragonard. Nous disons *ce sont*, pour nous con-
former au livret; car, en réalité, il n'y a qu'une femme , laquelle est d'un
beau modelé et a de la grâce, beaucoup trop de grâce même, puisqu'on ne
soupçonnerait que difficilement quel horrible supplice l'attend. Il lui manque la terreur, ce qui s'explique par cette circonstance qu'il manque au
lion la férocité.

— M. Gros Claude a fait un énorme tableau d'un sujet tiré de *Marino
Faliero*, sujet d'aquarelle s'il en fut. Nécessairement l'ampleur lui a manqué; ses personnages sont très-grands et très-mesquins. Restent donc des
qualités d'exécution sage, sans froideur ni vigueur, de l'expression, mais
peu de passion, une interprétation exacte du sujet.

A. MAYER, GILBERT.

Nous devons des éloges au tableau de M. A. Mayer: *coup de vent es-
suyé dans la Méditerranée par le navire l'Océan ;* en effet, cette
nuée diaphane et rosée, légèrement cuivrée, qui s'étend dans le ciel, est
pleine de tempête, de bourrasques, de grêle. M. Mayer se montre fidèle
observateur, et de plus, habile artiste. Ce n'est pas que le fait d'un navire penché sur la lame soit en lui-même bien dramatique, aussi ne regar-
dons-nous ce tableau que comme une bonne étude qui promet. L'eau est
sans transparence; mais n'oublions pas que le vent donne aux vagues un
aspect opaque. Mentionnons encore, du même artiste, *la Pirogue de femme
groenlandaise.* Certes on ne peut pas prendre un brick par un plus beau
temps que dans le tableau de M. Gilbert. L'eau est toute chatoyante comme
une ombrelle changeante, verte et à reflets bleus; toutefois, elle est assez
limpide. La fumée du canon semble dentelles et blondes, accrochées à la
mâture; somme toute, ce ne sont que teintes coquettes, blondissantes et
illuminées, que nous craindrions fort de ne rencontrer jamais que dans le

domaine féérique de l'illusion. Dans *le Bombardement de Cadix*, du même peintre, la mer offre trop de ressemblance avec les mers de pendules, dont le *mouvement* soulève symétriquement les flots.

COTTRAU, LEYGUE, LEPOITTEVIN, BARON, SCHLESINGER, DE RUDDER, ARMITAGE, DUVEAU.

M. Cottrau peint admirablement les étoffes traversées ou frappées par la lumière; aussi s'en donne-t-il à cœur joie. Dans son tableau *l'Adoration des Bergers*, nous avons d'abord la lueur bleue de la lune, puis la réverbération rouge d'une lumière quelconque sous une voûte, et encore le rayonnement fauve, la céleste clarté qu'émane le corps de l'Enfant-Dieu; et toutes ces teintes se fondent par des transitions très-savantes et très-harmonieuses. C'est, à vrai dire, le principal mérite du tableau. La scène pourtant est bien posée, mais les personnages n'ont pas le caractère antique; les bergers sont de robustes Européens, et la tête de la Vierge a peu d'expression.

— A côté de *Clytie* et de *Pomone*, œuvres riches d'imagination et de couleur, nous aurions dû citer *l'Aglaé de Phalère*, de M. Leygue. Il y a dans ce tableau une originalité pleine d'élégance et un coloris riche, bien qu'en même temps d'un ton un peu trop féerique, qui ne garde pas assez la bonne limite entre l'idéal et la nature. Ses draperies sont d'un goût sévère et charmant; cependant, le tissu blanc qui couvre le corps devrait être d'une plus grande finesse. La tête est bien celle d'une courtisane, beauté voluptueuse et altière. Le nègre qui présente les fruits, est une étude remarquable.

— Un artiste, dont le coloris a une puissance, un éclat très-remarquables, c'est M. Lepoittevin. Ses tableaux sont chauds d'inspiration et de verve. Nous dirions mal tout ce qu'il y a de fougue, d'entraînement, d'abandon désespéré dans son tableau des *Femmes franques*, malheureuses attachées par les bras au cou de chevaux sauvages qui les entraînent parmi pierres et broussailles. La tête des chevaux se dresse dans un effarement merveilleux; leur pelage miroitant, plein de sueur, est admirablement rendu; le ciel a des tons colorés et chauds qui sont très-lumineux. Seulement les formes de ces femmes sont de celles que ni la nature, ni l'art n'acceptent, et le coloris n'en est pas chaste et réservé. M. Lepoittevin a exposé d'autres tableaux qui tous sont également à la hauteur du nouvel ess or que paraît avoir pris son talent; nous citerons particulièrement *le Berger des Landes gardant ses troupeaux* et la *Défense d'une côte par des flibustiers*, tableaux d'une finesse de ton et d'un coloris ravissants.

— M Baron s'est tout d'abord placé au rang des artistes d'une individualité réelle, d'une imagination riche et galamment originale, qui rendent ce qu'ils voient avec la couleur de leur impression personnelle, qui, tout en étudiant, gardent l'initiative et la virginité de leur excellente nature. Rien de chaud, d'opulent, de voluptueux, comme son tableau *une Sieste en Italie*. C'est une atmosphère d'amour, de fêtes et de sensualisme tout méridional. Au milieu d'un jardin féerique aux ombrages frais, s'élève un perron à l'architecture d'une adorable fantaisie, où sont accroupis et couchés des seigneurs et des dames, qui, pour l'heure de la sieste, ne se gardent pas assez du soleil. Ce tableau est d'une couleur chaude, d'une exécution chatoyante, et qui n'offre que maigre prise à la critique; enfin, il est d'un sentiment poétique exquis.

— *Marguerite dans l'église*, de M. Schlesinger, est d'une pose gracieuse, voilà tout; la tête est assez fade; quant à celle de *l'Esprit malin*, elle ressemble beaucoup trop à ces têtes de diables qui bondissent des boîtes à surprise. M. Schlesinger, dont l'habileté est si grande pour les étoffes, et qui en a donné la preuve cette année encore dans quelques portraits fort bien traités sous ce rapport, n'a pas conservé cette supériorité pour la robe de Marguerite, qui est d'un tissu lourd et inconnu.

— M. de Rudder, dessinateur correct, n'est pas heureux cette année La tête de son *saint Georges* n'exprime rien, ni les actions de grâce, ni la victoire; ni l'orgueil, ni l'humilité. L'armure est d'un effet criard et trop éclairée; la taille du saint a trop d'épaisseur le ciel est faux.

— Constatons de belles études anatomiques dans le *Prométhée enchaîné*, de M. Armitage. Seulement les personnages sont en terre cuite, certainement beaucoup plus dure que le rocher du mont Caucase.

— *L'Assomption*, de M. Duveau, est posée avec beaucoup d'élégance et de goût, *bien agencée*, c'est le mot, mais les têtes se contentent d'être d'une beauté régulière et sage; il leur manque l'extase, la joie du triomphe, l'expression. Ce tableau est un souvenir des maîtres, et révèle des études sévères et intelligentes.

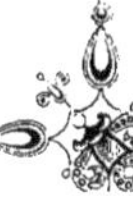

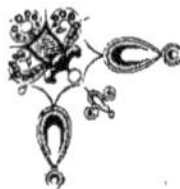

LEULLIER, APPERT, FRANCHET, SAINT-JEAN, BRUNE PAGÈS, MURAT.

Le *Daniel dans la fosse aux lions* a donné à M Leullier l'occasion de nous faire de ces lions qu'il fait si bien; car tout le monde se rappelle encore *le Cirque* de cet artiste, où il y avait tant de vigueur et de mouvement. Dans ce nouveau tableau, les lions sont calmes et retenus par une puissance invincible. Leurs poses sont fort belles, leurs têtes vraiment royales. Le Daniel est un peu sauvage; c'est un croyant rustique et sans inspiration, vrai peut-être, historiquement parlant, mais un peu d'idéal n'eût rien gâté. Il y a de la hardiesse et de l'élan dans *le Vol de l'Hippogriphe* du même peintre. Le coloris de M. Leullier est légèrement conventionnel.

— Nous voici en pleine tragédie : — *Néron devant le cadavre d'Agrippine,* par M. Appert. Ce corps d'Agrippine, corps inerte et sans vie, ne pourrait rester sorti ainsi du lit à demi sans tomber. Cette scène est tragique. La tête de Néron a bien la terreur et le remords, expression du reste assez vulgaire, qui sert pour Clytemnestre et pour Phèdre également; aussi, disions-nous que cette scène est tragique et non dramatique; c'est-à-dire, qu'au masque de fatalité antique nous aurions voulu voir substituer une douleur ou un remords réels et non traditionnels. La draperie de Néron est fort belle. Ce tableau est en somme une belle étude.

— M. Franchet avait exposé l'année dernière une étude qui donnait droit d'attendre beaucoup de son talent. A-t-il consciencieusement rempli sa promesse? Pas tout à fait. Dans *Daphnis et Chloé,* le paysage est charmant, d'une couleur originale et d'une grande finesse de ton; mais les deux amants n'existent pas; jamais l'air ni le soleil n'ont touché ces chairs lisses et gonflées, sans ressort, sans vigueur. Ce tableau n'est, cette année encore, qu'une promesse que M. Franchet finira, sans aucun doute, par accomplir.

— Les *Emblèmes eucharistiques,* de M. Saint-Jean, sont dans leur état rudimentaire, le pain et le vin se trouvant représentés par des épis et des grappes de raisin; mais ces raisins sont d'une vigueur, d'une vérité admirables; leurs grains, dorés par un soleil qui nous est inconnu, ont un velouté, un feu inouï; ils sont fulgurants, transparents, pleins de jus qu'on voit scintiller aux fissures produites par la maturité. Le coloris a beaucoup d'éclat et de puissance, et ce tableau est certainement, avec les aquarelles de Decamps, un des plus parfaits de l'exposition. Peu importe le sujet ou les dimensions; — représentez-nous les plus grands héros de la terre ou simplement le plus minime détail de la nature, question de médiocre importance; la perfection est tout, et tous sont égaux devant elle.

— Mentionnons *la Fille de Jaïre*, par madame Brune Pagès. La tête de la jeune fille est fort belle; on sent la pesanteur de la mort sur ces paupières qui se rouvrent à la vie et l'étonnement du réveil. La tête du Christ est vulgaire, et son auréole semble de cendre. Les draperies sont de bon goût, mais lourdement traitées. Un mot de *l'Agar*, de M. Murat, belle étude de nu, faite avec fermeté et chaleur. La poitrine du fils d'Agar est bien étudiée surtout; le désert est sans grandeur, sans chaleur, et ressemble trop aux plaines des environs de Paris

VIARDOT, JOUY, DAUPHIN, GOSSE, LÉPAULLE, DUBOULOZ, BIGAND, E. GOYET, FALCOZ, DULONG, J. LAURE, JOYARD, PÉRON, MOYNIER, MARÉCHAL.

On sent dans presque tous les tableaux religieux ou historiques l'absence de l'inspiration; à ceux-ci manque la foi, à ceux-là manque la vénération raisonnée et profonde pour ces grands personnages que leur pinceau est appelé à faire revivre. Quand on cherche la pensée de ces tableaux, on ne trouve que ce mot froid et officiel : *commande.*

Quoi qu'il en soit, il n'en faut pas conclure que tous les tableaux de ce genre soient dénués de mérite ; nous en avons déjà étudié un assez grand nombre dont quelques-uns sont vraiment remarquables. Nous allons, dans notre désir d'être complet, jeter un regard rapide sur les œuvres de sujets élevés et de larges envergures qui ont échappé à un premier examen.

— Nous reconnaîtrons dans le *Damoclès* de M. L. Viardot de l'expression, des études sages, mais le défaut d'originalité et de vérité. Les chairs sont de carton, les draperies sont de tôle peinte. Nous ne savons quel a été le maître de M. Viardot, nous lui en indiquerons un qu'il a trop dédaigné jusqu'à ce jour : *la nature.*

— Nous adresserions aussi le même conseil à M. Jouy pour son entrée de *Jésus-Christ à Jérusalem* et son *Atala*. Le premier de ces tableaux est

trop cru de tons et d'une lumière froide et blafarde. Les personnages agenouillés sont faits avec assez d'ampleur. Quant à la scène d'Atala, cette
jeune fille n'est pas d'une beauté assez sévère, assez grandiose, et ce jeune
Européen bruni et tatoué n'a aucune chance de se faire passer pour Indien.
Erreur de Girodet continuée.

— *La mère de douleur*, par M. Dauphin, est d'un sentiment profond. Cette
tête de la Vierge aux lèvres pâles, aux yeux clos, aux tons amortis et éteints,
est très-belle. Nous avons admiré surtout les paupières bleuâtres, amin-
cies, usées par les pleurs. Il y a sur le visage de la vieille femme à gauche
un reflet heureux du vêtement de la Vierge. Les étoffes sont bien drapées,
mais un peu pâteuses; la couleur n'a pas assez de vigueur. Toutefois c'est
à un très-remarquable tableau.

— Quand nous aurons admiré les satins de M. Gosse et aussi un dessin
élégant et facile, tout sera dit; nous n'insisterons pas sur l'exécution : une
porcelaine de six à sept pieds carrés quel sens cela a-t-il?

— En fait d'étoffes, M. Lépaulle est toujours d'une habileté inouïe; le
doigt ferait des creux dans les moëlleuses fourrures qu'il peint, et ses brode-
ries d'or ont un éclat merveilleux. Il y a plus pourtant dans son *Adoration
des Mages*, les têtes des rois agenouillés sont fort belles, d'un coloris chaud.
Remarquons cependant que le hâle du soleil ne doit pas s'étendre jusqu'au
blanc des yeux. La Vierge et l'enfant sont peints avec trop de coquetterie
sans majesté, sans largeur, sans vérité.

— De bonnes études anatomiques, mais qui rappellent trop les *écorchés*,
distinguent le tableau de M. Dubouloz : le *Christ accablé d'outrages*. Le
Christ n'est ni assis, ni debout; sa tête est vulgaire. Quant aux soldats, ce
sont des *mauvais garçons* du moyen âge, non des Hébreux.

— Ce vieillard au corps hâve et qui ruisselle de la sueur froide de la mort,
cet homme dont les jambes ploient et en qui la vie défaille, ce saint-Jérôme
est de M. Bigand. C'est une étude sévère, ferme et large, et d'un coloris
très-puissant. M. Bigand a toutes les qualités avec lesquelles on fait les
grandes œuvres; attendons.

— Il y a de la largeur dans les *quatre Evangélistes* de M. Goyet, mais peu
d'expression. La couleur en est conventionnelle, les draperies sont belles
Les fonds de ciel auraient été remplacés avec avantage par des fonds plus
sombres, d'autant que les quelques nuages épars çà et là ressemblent à de

la fumée. Ce serait bien pour des portraits d'amiraux ou de capitaines.

— Les *Saintes femmes au tombeau de Jésus- Christ*, par M. Falcoz, sont de poses trop forcées; les membres ne se retrouvent pas sous les draperies. Ces draperies d'ailleurs sont belles, et il y a dans ce tableau de beaux effets de lumière.

— L'*Adoration des bergers*, par M. Dulong, est faite avec une certaine naïveté qui sent la légende et qui a son charme. Beau contraste de clair de lune et de lumière céleste. La Vierge et l'enfant Jésus sont d'un dessin très-incorrect.

—L'*Assomption de la Vierge* de M. Jules Laure est beaucoup trop profane. La beauté de la Vierge est une beauté d'actrice, et les anges sont des amours, de vrais amours bouffis. Du reste, beaucoup de grâce, un coloris frais, un dessin élégant.

— Le *Saint-Pierre* de M. Péron renferme des qualités de forme remarquables. M. Péron, professeur de notre école gratuite de dessin, est avant tout admirateur du beau et il le recherche avec persévérance et succès.

— Citons encore les *Druidesses* de M. Joyard, de bonnes études et pas de vérité, draperies, eau, ciel et lumière de couleur fausse : de l'énergie et de la hardiesse dans les poses, voilà tout ;—l'*Ecce homo* de M. Moynier, tête fort belle où la résignation lutte avec la douleur et l'emporte; d'un faire large et habile; — le *Jeune pâtre de la campagne de Rome*, simple et naïve étude, d'un coloris calme et chaud, d'une touche ferme, d'un sentiment exquis. Plaçons au rang des grands tableaux les magnifiques pastels de M. Maréchal, dont les œuvres ont ce cachet de distinction charmante que donnent un dessin toujours pur et une pensée toujours poétique. Remarquons pourtant certaine tendance du coloris à exagérer encore les teintes un peu fausses du pastel. Sous ce rapport M. Maréchal n'est pas en progrès. Cette couleur est à la couleur vraie ce qu'est une fleur séchée dans un herbier à la fleur éclatante et fraîche.

LEGENTILE, MENN, COUPAN, TROYON, DANVIN, GERNON, G. LACROIX.

Aux esprits fâcheux et moroses qui vont sans cesse dénigrant le présent au bénéfice du passé, on aurait à opposer l'incontestable supériorité de notre école de paysagistes, si ce n'était folie d'essayer de convaincre ceux qui ne veulent pas être convaincus Tout simplement nos artistes ne se sont pas contentés des études pâles et poudreuses de l'atelier, ils n'ont pas écouté le maître qui leur apprenait à ne pas voir; ils se sont répandus, aussitôt les feuilles venues, par les champs et les forêts; ils ont cru à leurs propres yeux, à leurs émotions intimes, déchirant à belles mains le voile trompeur de la convention, et la poésie, qui est le soleil, qui est la rosée, qui est le feuillage, qui est la nature en un mot, est venue les visiter, les inspirer. Aussi, devant tant d'œuvres éminentes, les regards superficiels seuls peuvent accuser l'exposition de cette année de médiocrité. Elle a eu ses joies profondes pour nous, et voilà certes la plus heureuse partie de notre tâche. Aux noms des paysagistes que nous avons déjà donnés, nous en ajouterons beaucoup d'autres; car beaucoup font bien et très-bien.

Citons d'abord les deux paysages fulgurants et roussis de M. Legentile : une chaumière au fond d'un chemin sablonneux, des arbres où l'automne a jeté ses rameaux d'or et ses fruits de corail, une mare où le ciel reflète toutes ses splendeurs, des terrains gras et chauds, paysages d'une touche large et opulente. M. Legentile a encore deux intérieurs faits avec beaucoup de finesse et de naïveté et la science parfaite du clair-obscur.

— Passons à M. Menn, des personnages un peu incorrects, mais non sans physionomie, et admirons des paysages pleins d'air et de lumière, des feuillages bien massés, une couleur magnifique, de la finesse et de la largeur tout à la fois, la nature dans toute sa richesse.

—Un mot de cette fraîche et charmante étude, *Vue prise dans la forêt de Fontainebleau* par M. Coupan, une clairière, des trembles où le soleil découpe mille paillettes lumineuses, des vaches dans l'herbe parfumée, tableau d'une exquise vérité.

—Dans la forêt de Fontainebleau, ou nous nous trompons fort, ou nous voilà tout près du paysage de M. Troyon, dont le site n'est pas indiqué, mais se devine. Ce tableau, où il n'y a que de l'ombre, presque de la nuit, et tout au plus quelques fils de soleil égarés çà et là, est pourtant d'une chaleur étouffante. Dans ce paysage, plus d'effet d'ensemble que de détails vrais; et cet effet d'ensemble est fort heureux.

En face du paysage de M. Danvin, nous avons regretté bien vivement la perte de cet habile artiste; son *Souvenir de Fecamp* est peint avec beaucoup de coquetterie, de grâce, de caractère. Tous les détails pittoresques d'une ville normande sont traités finement et dans un bon sentiment de coloris, sauf les fonds qui sont effacés et n'existent pas.

— Dans la *Vue des Pyrénées* de M. Gernon, les montagnes lilas à reflet tourterelle font à distance un effet merveilleux et sont très-habilement accidentées. Les premiers plans ne sont pas à beaucoup près aussi bons. La verdure a des tons trop crus ; on dirait qu'elle vient d'être lavée et que le soleil ne l'a presque pas touchée.

— Les trois paysages de M. Gaspard Lacroix sont remarquables, la *Vue d'Auvergne* surtout. Ce grand massif d'arbres dans une ombre vigoureuse, ces tertres aux déchirures de sable, cette mare lamée d'or et d'azur, tout cela est très-chaud, très-coloré et très-harmonieux.

HUMBERT, PROVOST-DUMARCHAIS, DUPÉRIÉ, DE GRAILLY ; GUIAUD, BORGET ; PONTHUS-CINIER ; ROUSSIN ; LEBLON ; FONTALLARD ; TH. BLANCHARD ; TH. FRÈRE ; W. WYLD ; ALPHÉE DE RÉGNY, DESJOBERT, DESGOFFES

M. Humbert a placé des chevaux et des taureaux très-vivants, très-réels, dans des pâturages très-secs et très-faux. On ne peut que plaindre ces pauvres animaux, et l'on y est d'autant plus disposé qu'ils sont d'une belle et splendide nature, d'un pelage souple et luisant. Le cheval gris pommelé est surtout remarquable. -- Le paysage de M. Provost-Dumarchais, *Les rives de la Seine à Saint-Cloud*, est fait avec finesse, l'eau reproduisant le ciel avec mille charmants caprices de lumière. Les massifs d'arbres ont de la fraîcheur et sont très-bien touchés. — Nous ne suivons aucun ordre et nous nous livrons tout entiers aux hasards d'une promenade au salon. — Nous étions à Saint-Cloud, nous voici à Honfleur, aux portes de la chapelle de Notre-Dame-de-Grâce, sous ces arbres gigantesques qui font de véritables continents d'ombres. M. Dupérié les a reproduits avec talent, mais sans originalité. — De là nous voici transportés dans la forêt de Rambouillet, jamais hippogriffe n'a eu un vol plus rapide que notre plume. Une mare au fond d'une clairière, un chemin sablonneux, quelques buissons, voilà le paysage de M. de Grailly, paysage assez grassement fait, mais sentant trop la *forme apprise* et n'ayant pas cette inspiration, ce faire inventif qui, pour reproduire l'impression produite, a de ces procédés soudains et inconnus qu'on ne saurait soi-même retrouver. Cette remarque s'applique à bien d'autres qu'à M. de Grailly. — Nous reviendrons bien à Saint-Cloud en faveur de M. Guiaud, ne fût-ce que pour admirer le pâté de maisons, au bout du pont, faites avec une grande finesse de coloris.—Cette fois-ci le voyage est miraculeux ; nous sommes dans le céleste empire, oui vraiment, dans un paysage chinois, auprès d'une famille chinoise qui jouit des douceurs d'un *far niente* chinois; ou, si vous aimez mieux, nous irons voir *la Vigie pour l'incendie*, à Calcutta avec notre courageux voyageur. M. Borget a, depuis l'année dernière, fait d'incontestables progrès ; il y a dans ses paysages plus d'harmonie, plus de talent. Somme toute, M. Borget est un agréable et curieux paysagiste. — Eh bien, la Chine est originale, mais n'aimez-vous pas tout autant la Provence, comme nous la représente M. Ponthus-Cinier ? C'est un pays nu sans doute, mais quel ciel! Comme ces montagnes arides sont riches de tons, accidentées! comme leurs aspérités motivent des reflets lumineux et colorés, où le soleil jette toute sa splendeur! — Vous pouvez, ô lecteur, vous hasarder sans trop de crainte dans le désert de M. Roussin. Rien ne vous y offrira l'image d'une désolante immensité ; ce n'est pas que l'horizon manque d'étendue, mais le sol est trop accidenté! ce n'est pas que le soleil manque d'ardeur, mais il y a trop d'ombre sur le premier plan. Revenons en France, c'est encore là que nous trouverons plus de vérité ; soit que nous admirions *la vue du château de Pau*, du même artiste, tableau dans lequel il y a des qualités excellentes et dénotant de bonnes et consciencieuses études ; — soit que nous admirions les charmants paysages de M. Leblon, surtout cette *Vue prise sur le Morin* (Seine-et-Marne), au déclin du jour, sous un ciel vivement éclairé, les arbres faisant un peu silhouettes, paysage très harmonieux et très-fin : — soit que vous preniez intérêt à ces petits pêcheurs de M. Fontallard, charmants enfants établis dans une barque, à l'ombre des arbres de la rive. M. Fontallard accuse un progrès surprenant ; sa manière lourdement empâtée est devenue plus habile, plus libre ; le coloris lui est resté ainsi que la fermeté. — Nous pouvons nous arrêter aussi devant l'*Intérieur de forêt* de M. Th. Blanchard, un chemin tout tapissé d'herbe rase et fine et marbré d'ombre et de soleil, des moutons épars, un berger couché. Il y a dans ce paysage de la chaleur et une certaine vérité, mais un faire trop étudié peut-être, pas assez d'inspiration et, partant, d'originalité. —

Quoi que nous en ayons, M. Th. Frère nous entraîne encore dans les courses lointaines; il nous mène droit en Algérie et sait nous récompenser de cet effort. Sa *place du Gouvernement* à Alger, par l'heureux effet de lumière, rappelle de loin, et c'est beaucoup, les marines de Claude Lorrain. Au fond, mer bleuâtre qui, près du rivage, prend les tons du gris de fer; sur la gauche, la ville blanche et ses mosquées et les aiguilles des mâts. Le *Caravansérail de Hussein-Dey*, par le même artiste, offre également de très-beaux effets d'ombre et de lumière. — Puisque nous sommes à Alger, un tour, s'il vous plaît dans la ville, avec M Wy'd par la *rue Bab-a-Zoum*; nous admirerons de jolis détails. On n'y retrouve pas la transparence de l'ombre des pays chauds. — Enfin, d'humeur un peu moins vagabonde, nous allons revenir par l'Italie avec M. Alphée de Régny, dont la *Vue de Naples* et *l'Arc de Titus à Rome* sont pleins d'air et de lumière, d'un coloris charmant et de cette harmonie scintillante qui est l'harmonie des pays méridionaux. M. de Régny a exposé aussi une suite de dessins sur l'Italie qui nous font espérer qu'il les réunira en ouvrage. Ils ne peuvent être accueillis que par le succès. — Revenons au paysage composé. Dans celui de M. Desjobert, les feuilles des arbres sont trop symétriquement collées les unes au bout des autres, aucune ne cachant sa voisine, sauf ce détail, ce paysage est bien; les terrains ont beaucoup de solidité.—Dans les paysages de M. Desgoffes, au contraire, trop de prétentions aux lignes, pas assez d'amour pour les détails Les arbres, très beaux par masses, sont des arbres, parce qu'ils en ont la forme; car, pour le reste, sont-ils couverts de feuilles ou enveloppés de drap vert? là est la question.

MILON, BOUTON, MATHIEU, LIMOELAN, ANT. PERROT, VILLERET, E. COLLIGNON, ECHARD, G. COLLIGNON, ECHARD, G. P. DE VILLA-AMIL, A. LELEUX, GOURDET, DE CHACATON, CHANDELIER, PENGUILLY-L'HARIDON, TESSON, E. LOUBON.

Si, en art, l'odieuse *convention* a perdu du terrain, c'est — après le genre du paysage bien entendu, — c'est encore dans le genre des tableaux d'intérieurs. On ne s'est pas contenté des couleurs généralement admises pour peindre les murailles ou le bois, on a recherché, scrupuleusement étudié toutes les modifications que la lumière et les reflets apportent dans le ton local des objets; les lois de la perspective ont été mieux comprises, enfin, cette partie de l'art a fait d'incontestables progrès. — *La vue d'un des bas côtés de Saint-Étienne du-Mont*, par M. Milon, est faite dans ces conditions; le coloris a de la vigueur, les voûtes sont aérées, profondes, les vitraux ont de l'éclat; — M. Bouton qui se trouve avoir traité le même sujet précisément au même point de vue, peut se convaincre combien son regard s'est trompé. Ses murailles sont pâles et blafardes ; on dirait qu'entre le travail des deux peintres, l'église a odieusement été badigeonnée : ce qui n'est pas, car il faut rendre justice à l'église. — *L'intérieur de Saint-Nicolas de Brou*, par M. Mathieu, commande doublement l'attention. Aux ravissants et fastueux détails de l'architecture du seizième siècle, viennent se joindre une exécution large, harmonieuse, d'heureux effets de lumière, une grande vérité de tons, de la précision sans sécheresse, une précision poétique. Ce tableau est un des meilleurs de l'*exposition*. — La précision est peut-être trop triste et sent le lavis d'architecture dans le portique de l'*Église de Chartres*, par M. Limoelan, portique d'un effet très-lumineux toutefois, et d'une couleur vraie — Cette rectitude, cette précision des lignes conviennent mieux aux lieux méridionaux, aussi ne s'é-tonne-t-on pas d'avoir à l'admirer dans le *portail de l'église Saint-Marc*, par M. Perrot, les ombres ont beaucoup de transparence. — Dans le tableau de M. Villeret, *l'intérieur du vieux Cloître*, à Berlin, les voûtes sont sans solidité et ressemblent trop à une tenture de toile transpercée par la lumière. De jolis détails, du reste, dans les autres parties du tableau, nous citerons particulièrement le lustre à branches d'or. — Sous ce titre quelque peu alambiqué, *Progrès des Journaux*, M. Collignon, nous a représenté quelques élèves lisant les feuilles publiques dans une salle habilement éclairée, d'une exécution assez inégale, mais où se trouvent des détails bien traités. — Les *Vues de la Cathédrale de Beauvais et d'Amiens*, par M. Echard, sont faites froidement, sagement, régulièrement; nous préférerions moins de correction et plus d'originalité ! — Rien d'harmonieux, de vaste et de riche comme l'*Intérieur de l'église Saint-Andrès, à Madrid*, par M. Villa Amil. Nous n'avons qu'un reproche à adresser à ce tableau, c'est qu'il est plutôt noir que sombre. Du reste, en y accoutumant ses yeux, on y retrouve toute la puissance d'un coloris éclatant. Les peintures des voûtes sont admirablement traitées,

L'église a de la profondeur et quelque chose d'austère dans sa magnificence.
M. Villa–Amil nous a donné une *tour Arabe, près d'Almeria,* tableau riche, chaud et d'un caractère tout méridional, et la procession *del corpus* où
y a beaucoup de pompe, de variété et de vie dans les groupes. — L'*intérieur d'atelier* de M. Armand Leleux, se distingue par un ensemble harmonieux et des détails d'une exécution merveilleuse. Dans l'*intérieur d'é-
table* du même artiste, il y a de beaux contrastes d'ombre et de lumière.
— *La fête au clair de lune* de M. Gourdet est d'un effet de lumière très-
piquant et très-vrai. — Nous demanderons à M. Gourdet plus de largeur.
Il ferait des tableaux tout aussi finis en se donnant moins de peine. —
M. de Chacaton a tort, selon nous, d'imiter Decamps. Il a quelques-unes des
qualités merveilleuses de coloris de ce peintre; qu'il les garde et y appose
son propre cachet. Il y a de la lumière et de l'éclat dans la *fabrique de l'île
de Procida.* — Les paysages de M. Chandelier sont faits avec beaucoup
de finesse et de grâce. Nous citerons surtout la *Vue du Port de la Rochelle.*
— M. Penguilly l'Haridon a un sentiment poétique exquis. *Deux Chevriers
du haut d'une montagne regardant un mouvement de troupes dans la
plaine;* cette idée est très-gracieuse et d'un heureux contraste. Ces chevriers sont traités avec originalité et talent. — Voici un tableau qui est charmant: *Souvenir des côtes de Bretagne,* par M. Tesson, un village tassé
sous de hautes falaises, un ciel où le vent charrie de grands nuages gros de
pluie, mille détails faits avec beaucoup de vérité et d'une couleur excellente. — Il y a beaucoup d'harmonie et de sentiment dans le paysage de
M. E. Loubon, l'*Abreuvoir.* On y devine un artiste qui cherche et qui de-
vient bon coloriste. L'attelage qui descend à la rivière, les chiens qui se pren-
nent d'aboiements sur le haut de la colline, tout cela est fait avec esprit et
vérité; — c'est bien et dans ce bien il y a le germe du mieux.

BÉRANGER, OCTAVE BLANCHARD, CALS, DELAHAYE, A. GUIGNET, Mlles ANAIS
ET HÉLOISE COLIN, GÉNIOLE, DETOUCHE, MADAME SENEVAS DE CROIX-
MÉNIL, LESSORE, Mlle ALLIER, LONGUET, S. GUÉRIN, LAZERGES.

Sans doute au point de vue idéal, c'est bien peu de chose qu'une bouti-
que de fruitière; mais il faut bien en passer par là, la forme réelle en art
parvient encore à produire des chefs-d'œuvre de second ordre; c'est entendu. Maintenant, M. Béranger, un peu d'expression sur le visage des
gens, et si les légumes passent au second plan, l'artiste passera au pre-

mier rang. — Un peintre qui, à un sentiment élevé, joint une exécution remarquable, c'est M. Octave Blanchard; l'*apparition du Christ à la Madeleine*, de cet artiste, est une œuvre supérieure, nous aimons aussi beaucoup
la lecture de l'Évangile dans l'Église d'Ara Cœli; le groupe de moines ar-
rêté près de la chaire est d'un effet très-vigoureux et très-vrai; les femmes
et les enfants du peuple agenouillés, ont du caractère et l'ensemble du tableau est d'un coloris chaud et plein d'harmonie. — C'est un tableau charmant que le *Bon ménage* de M. Cals, dans lequel il faut reconnaître de la
finesse, et un coloris juste, bien qu'un peu trop assombri. — Quand nous
aurons reproché à M. Delaye un peu de lourdeur dans les ombres, la part
de la critique sera faite, et nous pourrons admirer sans restriction des détails
d'atelier rendus avec vérité, le jour harmonieux dont ils sont éclairés, et
aussi le groupe charmant de l'artiste malade, auprès duquel se tient une
sœur de Saint-Vincent-de-Paul. — Imiter un artiste comme Decamps et
réussir comme M. A. Guignet, c'est avoir déjà de grandes qualités; mais si
cet artiste cherchait sa propre originalité, ses qualités se développeraient
plus à l'aise. M. Guignet possède un coloris éclatant, sa touche est ferme et
ne manque pas de vigueur. Il y a du tumulte, de la poussière, de l'énergie
dans son combat de barbares; mais pas d'harmonie, pas d'ordre dans les
plans, pas de perspective. — Le *Souvenir de la campagne de Bonne*,
par M. Colin, est un ravissant tableau. Les chairs de cette ardente Italienne
et de ses beaux enfants sont chaudes et veloutées. Détails pleins de grâce
et de caractère, seulement pas assez de soleil. Citons encore, du même
peintre, les *Pêcheurs revenant par un temps d'orage,* tableau d'un fini
précieux. Au nom de cet artiste, nous devons ajouter ceux de mesdemoi-
selles Anaïs et Héloïse Colin, dont les tableaux se font remarquer par la
distinction et par la grâce, et à qui nous devons demander un peu plus de
vérité dans le coloris, comme aussi plus de lumière. Voilà toute une famille
d'artites où il n'y aura ni cadets ni déshérités. — Dans le tableau de M. Géniole, *Façade d'une maison mauresque à Cordoue,* les murailles ont de
la solidité, une grande vigueur de ton; mais en certains endroits défaut ab-
solu de relief. — *Le cardinal de Richelieu au siége de Pignerol,* par
M. Detouche, est une scène bien pensée, d'un dessin élégant, d'un bon
sentiment historique. La couleur en est un peu crue, et il y a dans cette
œuvre défaut d'harmonie, mais de l'étude qui devra réussir. M. De-

touche n'a pas donné le dernier mot de son talent. — Les lignes d'encre sont comme une marée qui monte et nous resserre l'espace. Nous sommes bien à regret forcé d'être bref avec des artistes d'un talent réel. Madame Sénevas de Croix–Mesnil, par exemple, dont le tableau *Méditation* est une œuvre poétique, d'un faire coquet et charmant; la pose est ravissante et l'ensemble du tableau habilement éclairé. — M. Lessore a deux charmants petits tableaux, *le Moine* et *la Lecture*; la touche est un peu trop empâtée et le ton légèrement blafard; mais le premier tableau en prend un air monacal très-heureux. La tête du moine est très-ascétique.— Encore un artiste à qui nous voudrions donner de longs éloges, mademoiselle Allier, qui nous a donné *le Retour du Croisé*; coloris vrai, sentiment poétique, dessin élégant, qui trahit de consciencieuses études. — C'est une idée bien gracieuse qui a inspiré à M. Longuet son tableau de *l'Ange emportant au ciel un enfant que sa mère pleure sur la terre*. Nous avons parlé de grâce, le tableau en est plein; le coloris est trop conventionnel. La *Corienne en Italie*, de M. Simon Guérin, nous fait connaître un peintre de sentiment, doué de qualités naturelles très–heureuses, mais à qui la patience, l'étude manquent; attendons à l'année prochaine. Parlons de *la Courtisane* de M. Lazerges, en qui nous avons admiré des carnations vraies, beaucoup de souplesses et une expression ardente peut-être trop vraisemblable.

HOSTEIN, FLACHERON, CH. LEROUX, ELMERICH, CHEVANDIER, CHALAIS, BENOUVILLE, SÉRAN; LESSIEUX, JUSTIN-OUVRIÉ, JEANRON, CHOCARNE, ALOPHE; BESSON, PERLET, KRAMER, TESTE, DE LANSAC, POSTEMPSKY, HERSBERG.

Nous nous sommes laissé aller à parler de tous ceux qui font bien, et voilà que, resserré par l'espace, nous sommes assailli par une foule de noms distingués qui, pour n'avoir pas eu les premières places, n'ont d'autres torts que de n'être point tombés les premiers sous notre plume. Nous citerons M. Hostein, dont les paysages sont d'une exécution remarquable et trop sage peut-être; nous leur voudrions plus de fougue; mais on ne saurait leur demander plus de fraîcheur et de grâce, plus de talent vrai et d'exactitude; — M. Flers, dont le nom contient un éloge implicite, et qui rend avec un charme exquis les paysages de la fraîche et verte Normandie; — M. Flacheron, artiste consciencieux, aux formes acerbes, mais au talent original; — M. Leroux, talent grave et plein d'avenir, dont les paysages sont traités avec fermeté, et brillent par de belles oppositions d'ombre et de lumière. Nous suivrons les succès de ce peintre; — M. Elmerich, dont la couleur est riche et vigoureuse et qui pour son *Rendez-vous de Chasse*, effet du matin, a trouvé dans sa palette cette lumière limpide, cette humidité, je dirai presque parfumée des belles matinées ; — M. Chevandier dont le faire est large, mais qui tombe dans des aberrations grotesques de perspective et fait des rapprochements de plans tout à fait impossibles.— M. Chalais qu'il faut louer pour une excellente *Vue du château d'Eu au Tréport;* MM. Benouville, Servan et Lessieux qui, tous trois recherchent le style et font preuve d'un goût sévère; seulement qu'ils se souviennent que le style ne doit pas corriger la nature; le style c'est la nature vue largement; enfin, M. Justin Ouvrié, un de ces artistes qu'on ne craint pas de nommer en dernier, parce que le public qui les connaît et qui les aime, leur a bien vite rendu le rang convenable. — Ce n'est que dans nos dernières *explorations* que nous avons pu découvrir les portraits de M. Jeanron, et certes, il ne fallait rien moins qu'une raison aussi péremptoire pour excuser notre inexcusable silence.— Ce retour vers les portraits était indispensable. puisque nous avions également oublié des artistes de beaucoup de talent, M. Chocarne, dont le portrait de M. le vicomte C. de C.. a de la puissance, de la vérité, du coloris, et offre des détails traités avec beaucoup d'élégance; et MM. Alophe et Besson, qui ont exposé deux bons portraits.—Nous regrettons de ne pouvoir aussi que mentionner M. Perlet qui dans l'*Agonie de saint Joseph* fait preuve d'un talent de premier ordre; il a su être original et plein de distinction. Dans les tableaux de genre, citons le *Veilleur de Nuit* de M. Kramer, fait avec facilité, d'une excellente couleur, mais sans relief; *le Changeur juif*, de M. Teste, où tout ce qui est argenterie est d'une vérité remarquable, dont les marbres et les tapisseries n'approchent pas. — Enfin, le *Trait de courage du commandant Daru*, par M. de Lansac, qui continue à bien faire les chevaux, un peu exclusivement. — L'*Episode de l'Histoire de Pologne*, par M. Postempski, scène composée avec une certaine énergie, mais d'un coloris faux; et la *Méditation* de M. Hersberg, petit tableau qui mériterait un long éloge. La tête de la jeune femme, accoudée à son balcon, est voluptueuse, pleine de rêverie et d'abandon; la pose est ravissante, et la robe est une des plus belles soieries que nous ayons encore vues. Ajoutons qu'elle est admirablement drapée.

SCULPTURE. — L'originalité , en général, est une qualité qui répugne au public; il ne comprend plus et dédaigne. Aussi s'explique-t-on facilement que l'œuvre de mademoiselle de Fauveau ait été froidement accueillie. Pour notre part, nous avons reconnu un artiste vrai, profond et hardi. Nous avons admiré dans la *Judith* de mademoiselle Fauveau de l'inspiration et de l'originalité. La tête est superbe, belle et pleine d'énergie, dédaigneuse et forte. Nous aimons aussi le mouvement d'épaule et la résolution du geste. Peut-être la cuisse droite est-elle trop dissimulée sous la draperie qui, du reste, est très belle. — Pour qui sait aimer l'idéal dans la beauté, *la Vierge et l'enfant Jésus* de M. Oudiné est une œuvre supérieure. Rien qui, au premier abord, saisisse vivement l'attention, si ce n'est cette beauté placide, cette perfection rare et discrète que l'artiste ne peut se lasser d'admirer. La vierge est d'un calme adorable. L'enfant Jésus est délicatement modelé. — Que M. Huguenin, dans sa *Mater Dolorosa*, est loin de ce sentiment à la fois poétique et religieux ! bien que l'exécution en soit excellente. — Une chose nous a frappés dans l'*Olympia* de M. Étex. Le corps nous a semblé celui d'une brune italienne d'une beauté forte et large, et la tête est d'une grande délicatesse et d'une tout autre nature. Nous nous demandons si cette tête appartient bien à ce corps. Reconnaissons que la pose est belle ; la cambrure des hanches admirable. — Rien de souple, de caressant, de jeune comme cette ravissante étude de jeune fille que M. Droz a nommée *le Lierre*. Ce corps frêle, flexible, virginal, est d'une fermeté, d'une élégance de contours admirable. Le bras, appuyé sur un tronc d'arbre, est surtout dessiné avec une science et un goût parfaits. — Voilà une grande étude de M. Legendre Héral, *le Laurent de Jussieu*, dont il faut dire du bien ; ces sortes de statues offrent de telles difficultés! Celle-ci demanderait à être vue de loin. — Une œuvre bien gracieuse et pleine de poésie est le groupe de M. Husson, *Jeune femme napolitaine apprenant la prière à son enfant*. Nous avons entendu reprocher à cette œuvre la pose de l'enfant, qui est assis au lieu d'être agenouillé. Pauvre petit, eh! comment s'y tiendrait-il, à genoux ? L'idée toute ravissante de l'artiste est précisément de faire apprendre la prière à un enfant qui bégaye à peine et peut au plus joindre ses frêles mains. — La tête du saint Jean-Baptiste de M. Dubray est fort belle; tête ascétique et sévère, où la pensée rayonne; mais le corps, bien étudié du reste, est trop chétif, trop faible. Nous ne lui reprochons pas la maigreur, mais cet air débile et souffreteux. Sous l'austérité qu'a dû lui donner une vie de privations et de prières, on doit retrouver la force, la vigueur d'une adolescence simple et pure. Citons la *Vierge immaculée* de M. Lescornée, qui est d'un ciseau chaste et savant : belles draperies. — La *Mélancolie*, de M. Luc, dont la pose est ravissante ; — le *Joueur d'on-chets*, de M. Dubois, qui ressemble trop à l'enfant à la tortue ; — *Psyché contemplant l'Amour endormi*, de M. Triqueti, bas-relief très-gracieux ; — la *Femme grecque endormie*, de M. Cavelier ; — la *Surprise*, de M. Jacquot, statue toute gracieuse ; — le *Saint Germain prophétisant les destinées de sainte Geneviève*, bas-relief en bois par M. Gayrard, qu'il faut louer surtout d'avoir cultivé cette partie de l'art, trop longtemps en jachère. — Le bas-relief de M. Barre, *Léonor Chabot sauvant les Hugue-nots*, est composé avec goût et exécuté, sinon avec expression, du moins avec dignité et sagesse — Un mot du *Charles d'Anjou* de M. Daumas, belle reproduction historique, et du *Dunois* de M. Duret, qui prouve que son talent gracieux et original est sévère et énergique au besoin ; nous ne pouvons qu'accorder de grands éloges à la *Chasse au sanglier*, de M. Rouillard.

ARCHITECTURE. — Cette année, comme l'année dernière, la plupart de nos architectes ont réédifié des monuments d'art, reproduit ou projeté des réparations de l'antiquité ou du moyen âge. Citons MM. Boeswilwald, Léon de Laborde, Lion, Malpièce, Travers.—M. Dédéban, a exposé *soixante-dix-neuf projets en parangon pour la réunion du Louvre aux Tuile-ries*. — M. Gauché, *divers projets proposés en 1841, pour transférer la bibliothèque Royale dans le onzième ou le douzième arrondissement de Paris*. — M. Horéau, *l'esquisse d'un projet de bibliothèque Royale et d'une halle pour la ville de Paris*.

La GRAVURE est représentée au Salon par l'élite de nos graveurs ; par MM. Henriquel-Dupont, A. Martinet, Calamatta, Dien, Fauchery, Prevost, Revel, Gelée, Eichens, Frilley, A. Lefèvre. Donnons des éloges bien méri-tés à M. Alès, qui a exposé une *Vue de Monaco*, dessinée et gravée par lui avec talent, esprit et facilité ; à M. Alex. Manceau, qui a gravé avec un talent très-remarquable deux sujets bizarres empruntés, par M. Bodmer, à la vie des Indiens de l'Amérique du nord. Ces gravures sont d'un dessina-teur et d'un coloriste.

La **LITHOGRAPHIE** est toujours en progrès, et réunit le moelleux à la précision et à la vigueur, grâce aux beaux travaux de MM. Gzell, dont les *Trois Baisers* sont une ravissante composition ; Léon Noël, dont il suffit de citer les portraits ; enfin, MM. Sudre, Marin-Lavigne, Monthelier et Wogt.

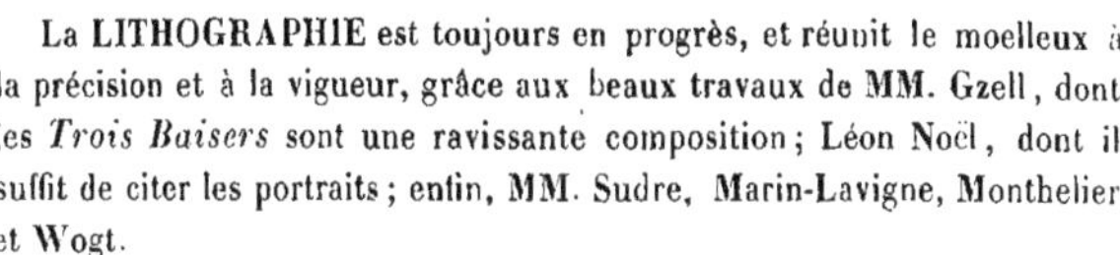

Au seuil de cette exposition, quand les portes du Louvre vont se refer-mer, nous nous retournons vers toutes ces œuvres réunies en leur disant adieu, avec cette satisfaction secrète de celui qui croit avoir rempli sa tâche consciencieusement. Qu'il y ait parmi elles des tableaux où le talent épanouisse toutes ces fleurs, — riches espérances, — et que nous ayons omis, nous le craignons fort ; mais au moins nous rendra-t-on cette justice que, dans notre désir d'être complet, nous avons été quelquefois jusqu'à la simple nomenclature, — nous disant qu'il vaut mieux être aride pour les gens du monde, qu'injuste envers les hommes de talent. Une autre pensée ajoute à cette satisfaction, c'est que l'art est en progrès, et que ce Salon, que beaucoup ont calomnié, est peut-être supérieur à ceux qui l'ont précédé ; sans doute, il lui a manqué ces œuvres devant lesquelles le public s'ameute, œuvres retentissantes et à grands succès, dont le triomphe est parfois plus haut que le mérite ; mais la médiocrité a perdu du terrain ; les œuvres bonnes y sont en très-grand nombre, et c'est avec les œuvres bonnes qu'on arrive aux œuvres sublimes. Si le ciel s'éclaire çà et là de trouées lumi-neuses, et que les nuages du mauvais goût se fassent plus rares, le disque de l'art ne tardera pas à briller dans toute sa splendeur.

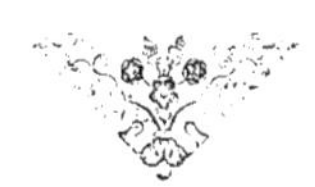

CLASSIFICATION

DES DESSINS DE L'ALBUM DU SALON DE 1842.

	Peints par MM.	Reproduits par MM.	Pages.
Sortie de l'école (Turquie d'Asie).	Decamps.	Alophe.	1
Vue de Dieppe.	Eug. Isabey.	Bour.	3
Chiaruccia.	R. Lehmann.	*Id.*	5
Mariuccia.	H. Lehmann.		
La tentation du Christ (paysage historique).	Ed. Bertin.	Marvy.	7
Mission de Jésus-Christ.	Riss.	Gsell.	9
Paysage et animaux	Brascassat.	Bour.	11
Paysage (effet du matin).	C. Corot.	Français.	13
Jeune homme jouant de la basse.	Meissonier.	Mouilleron.	15
Aglaé de Phalère.	Leygue.	Mouilleron	
Deux heures avant l'appel.	Guillemin.	Jacot	17
Un chemin.	Français.	Français.	19
Une source.	Célestin Nanteuil.	Célestin Nanteuil.	21
Hercule combattant l'hydre de Lerne.	Aligny.	Français.	23
Raymond VI, comte de Toulouse.	Gué.	Dauzats.	25
Louis de Bourbon devant la cour de François II.	Oscar Gué.	Mouilleron.	27
Korolle (danse bretonne).	A. Leleux.	Baron.	29
Le ministre médecin.	Jacquand.	Jacot.	31
Intérieur de l'abbaye de Saint-Bertrand de Comminges (Pyrénées).	Dauzats.	Dauzats.	33
Vue du port de Cherbourg.	J. L. Petit.	Arnout.	35
Une sieste en Italie.	Baron.	Baron.	37
La lecture de l'Évangile dans l'église d'Ara-Cœli, à Rome.	Oct. Blanchard.	Mouilleron.	39
Vigie pour l'incendie, à Calcutta.	Borget.	E. Leroux.	41
La Mère de douleur.	Dauphin.	Gsell.	43
Une tour arabe, près d'Alméria.	De Villa-Amil.	Fichot.	45
Vue du château de Pau, prise du parc.	Roussin.	E. Leroux.	47
Vallée de la Duchère, près Lyon.	Hostein.	Hostein.	49
Intérieur de l'église de Saint-Nicolas de Brou.	Mathieu.	Mathieu.	51
L'Abreuvoir.	E. Loubon.	E. Loubon	
Rendez-vous de Chasse.	Elmerich.	Elmerich	53
La Vierge et l'Enfant Jésus.	Oudiné.	Gsell.	55
Une sainte famille.	Mademoiselle Anaïs Colin.	Mad. A. Colin.	
Intérieur de famille.	Mademoiselle Héloïse Colin.	Mad. Hél. Colin.	55
Paysage.	H. Garnerey.	Bour	
Caravensérail à Hussein-Dey.	Th. Frère.	Th. Frère	57
Vue de Monaco.	Alès.	Alès.	58
Olympia	Etex.	Léon Noël.	58

FIN.

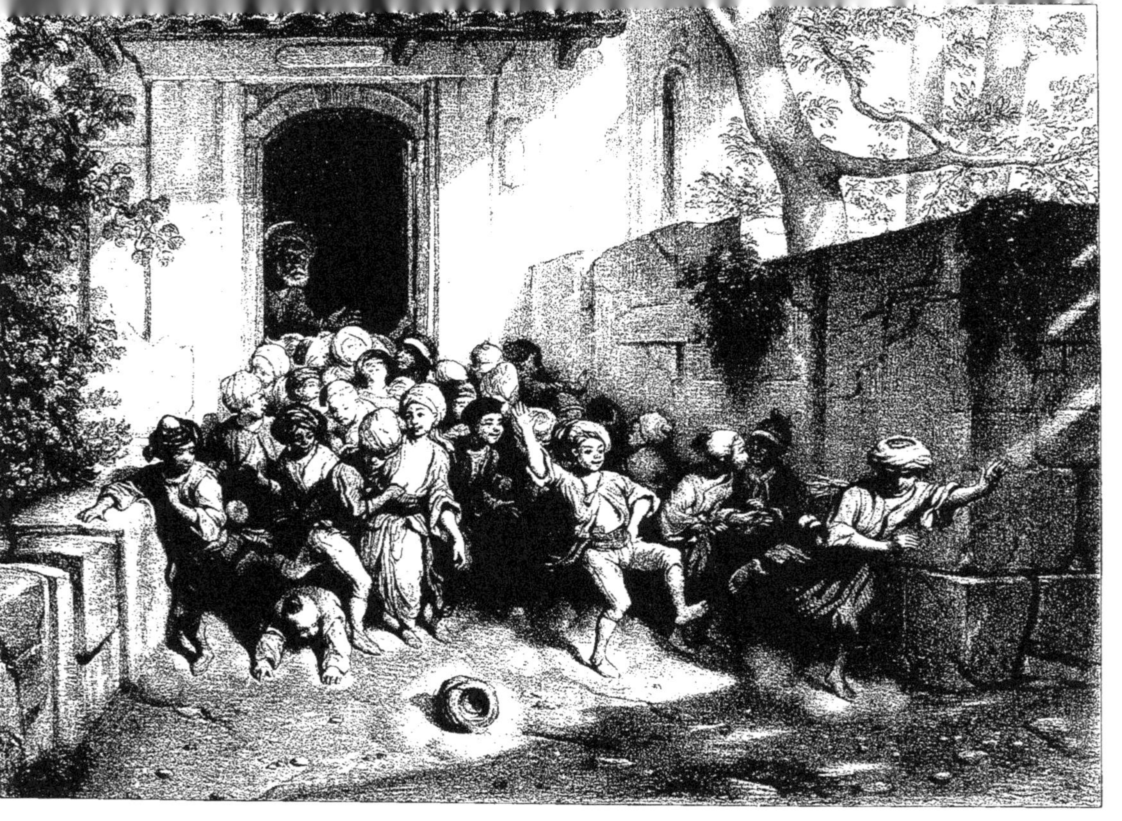

Alophe. del.

Imp Bertauts

Chailamel édit. 4. R. de l'Abbaye

Sortie de l'École.
(Turquie d'Asie.)

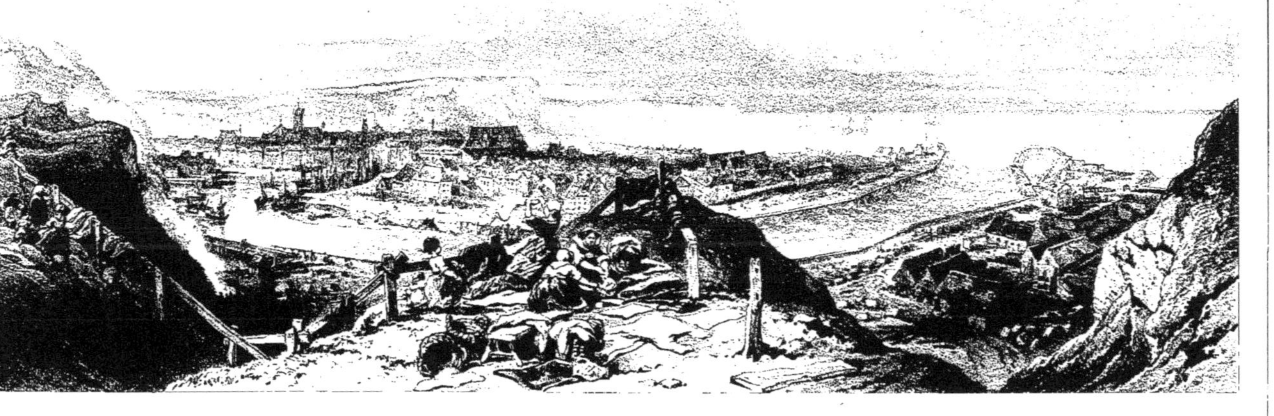

Vue de Dieppe

Chiaruccia.

Maruccia

SALON DE 1842
Edouard Bertin

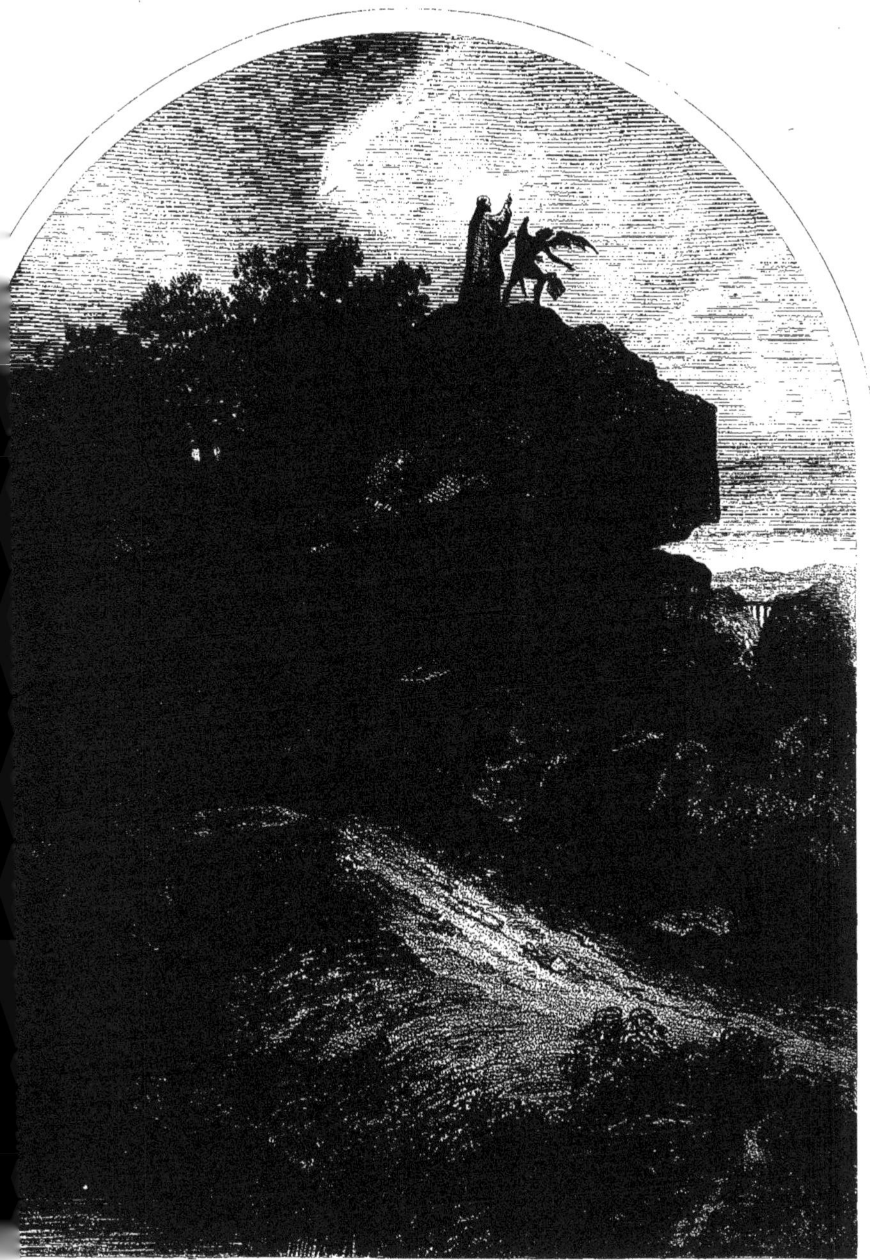
Imp. par Chardon ainé.
Chassanet, Édit. 4, R. de l'Abbaye, S. G.
La Tentation du Christ

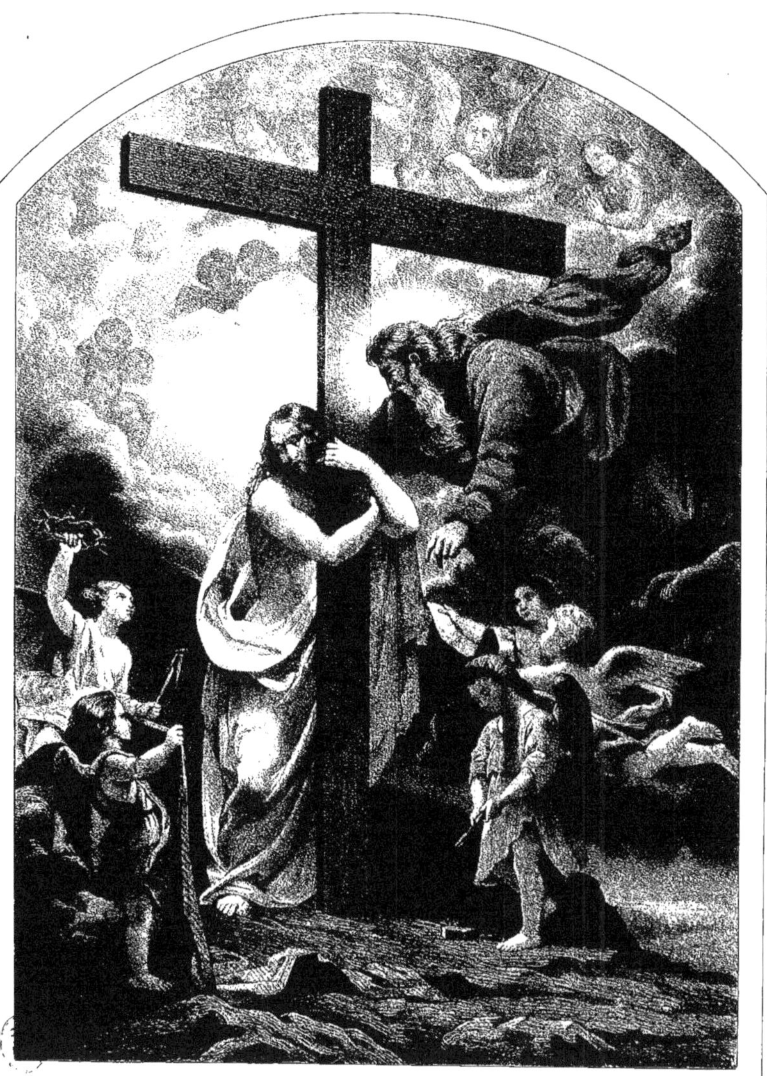

Gaal del.   Imp. Grégoire & Deneux.   Chardon[?] Sté 4 R. de l'Abbaye

Mission de Jésus Christ rédempteur du monde.

« Et le Verbe a été fait chair »
(Évangile selon saint Jean. ch. 1.)

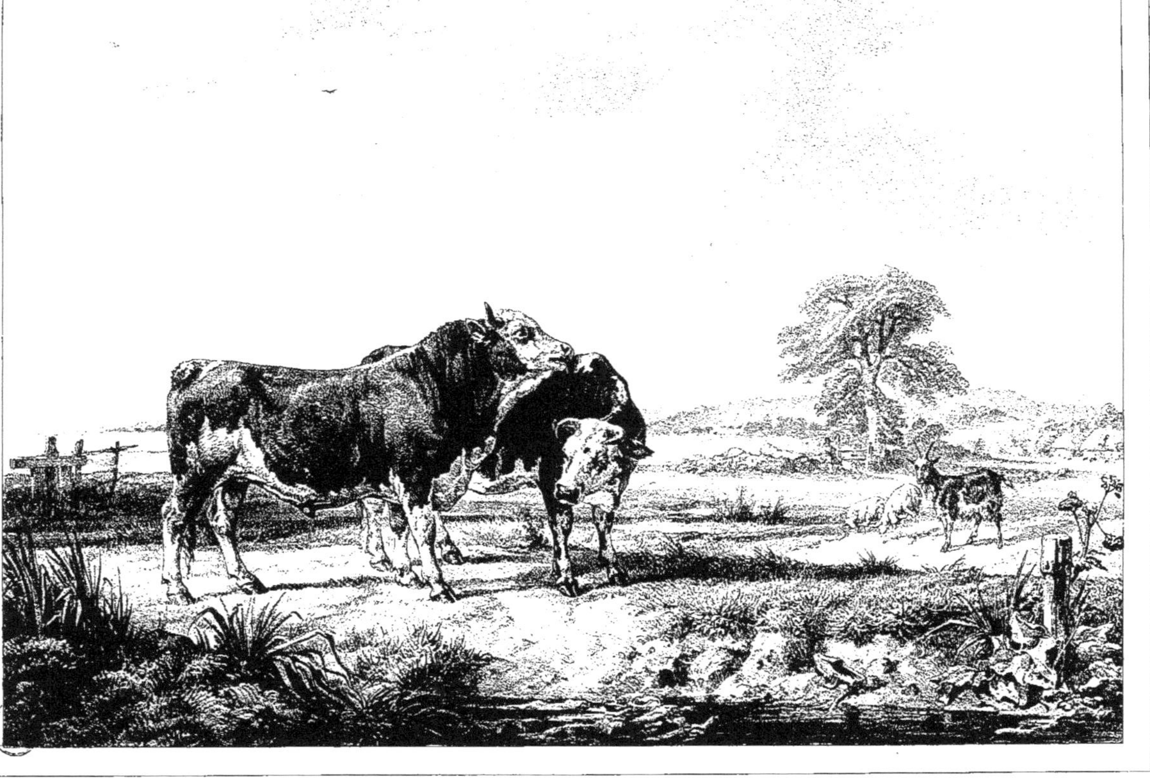

Bour del. Imp Berlauts Paris. Challamel édit 4.R. de l'Abbaye.

Paysage & animaux.

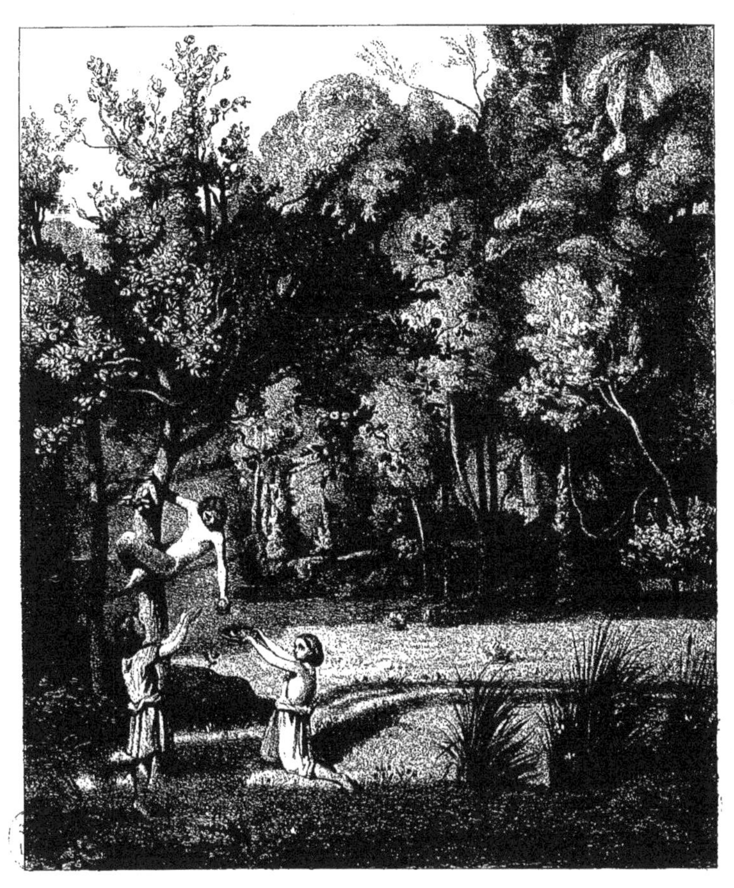

Imp. Bertauts Paris   Challamel edit 4 R de l'Abbaye.

Paysage, (effet du matin)

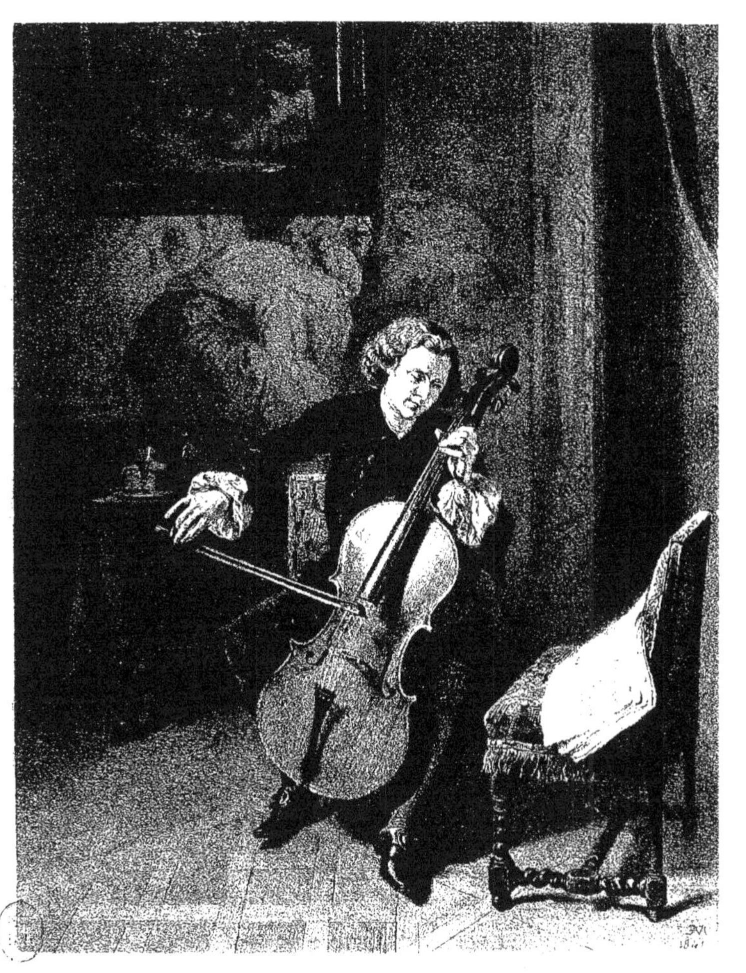

Mouilleron del.   Imp. Bertauts Paris   Challamel édit 4 R. de l'Abbaye.

Jeune homme jouant de la basse.

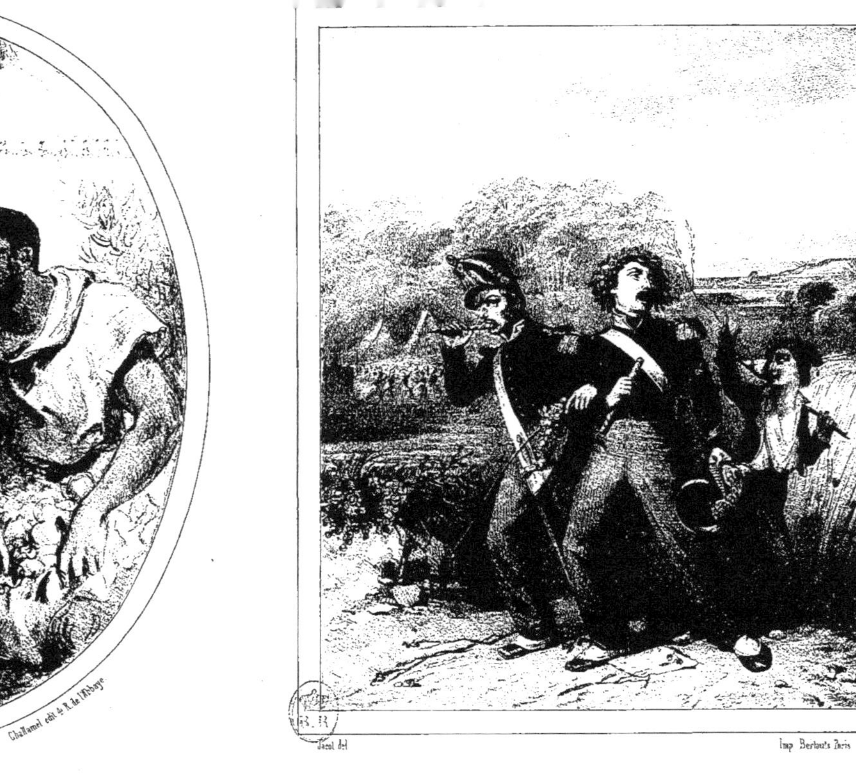

Aglaé de Phalère.

» .... Serait-ce Aglaé de Phalère,
» Prends y garde, il est très dangereux de lui plaire. »
(Mémoires ... le Glorieux)

Deux heures avant l'appel.

Challamel édit. 4. R. de l'Abbaye.

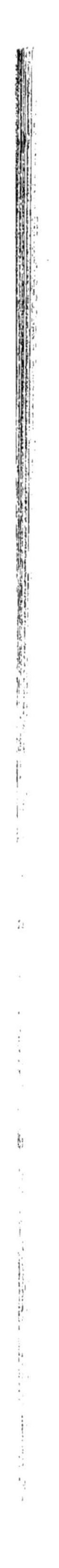

Françan del

Paris, imp Bertauts

Chalamel edit 4 R de l'Abbaye,(S'C°)

Un Chemin

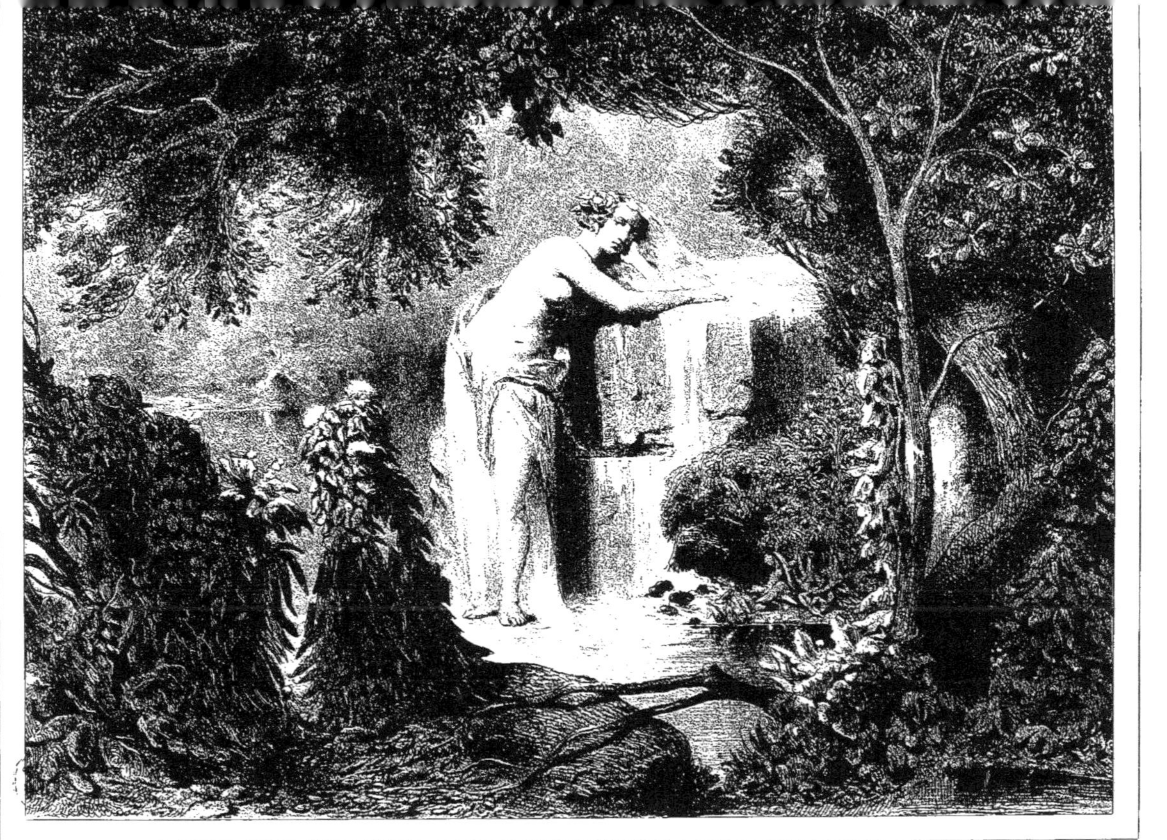

Une Source

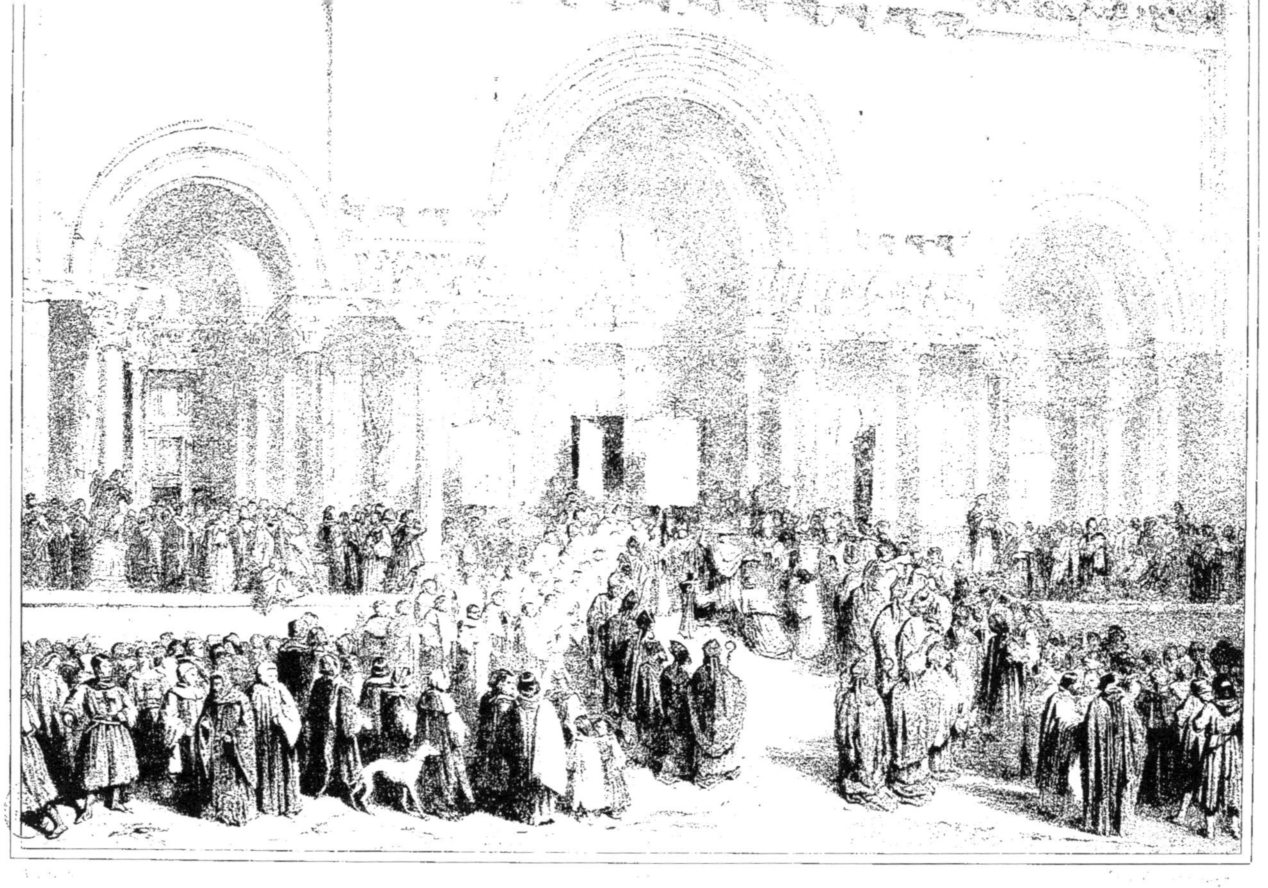

A. Mouilleron del

Imp. Bertauts à Paris

Challamel édit 4 R. de l'Abbaye.(S.G.)

Louis de Bourbon devant la Cour de François II. (1560).

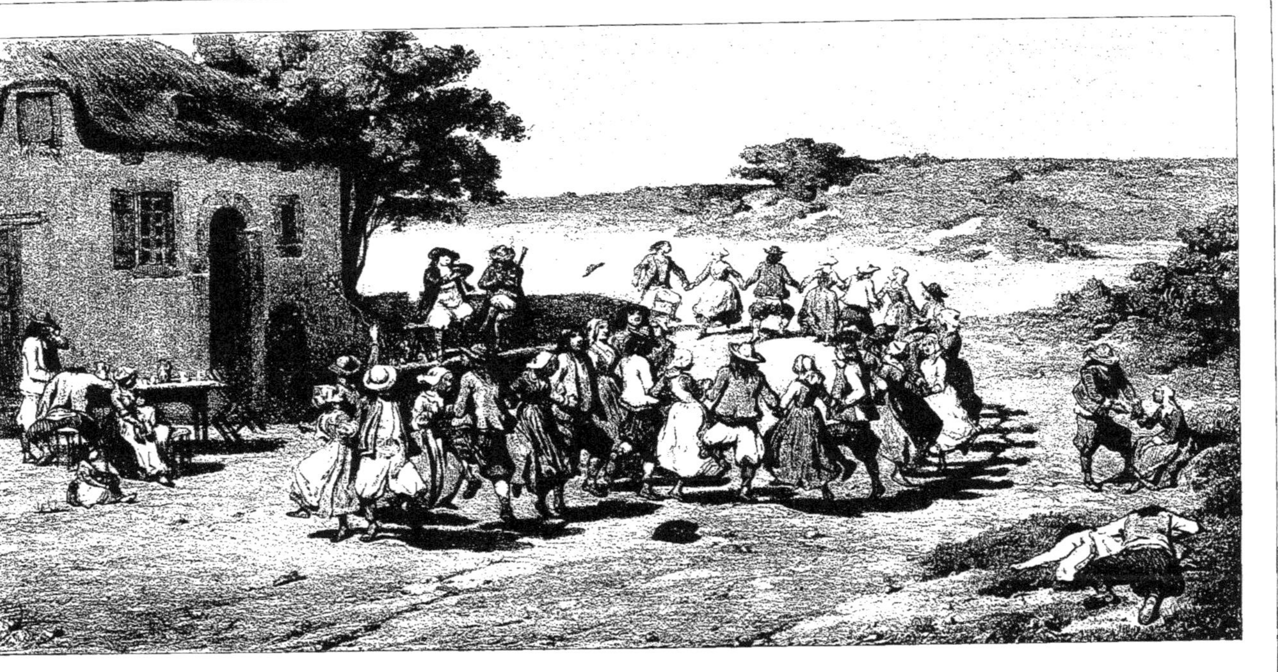

Baron del.

Imp. Grégoire & Deaaux Paris.

Challamel édit. 4 R de l'Abbaye (St Gⁿ)

Korrolle. (danse Bretonne.)

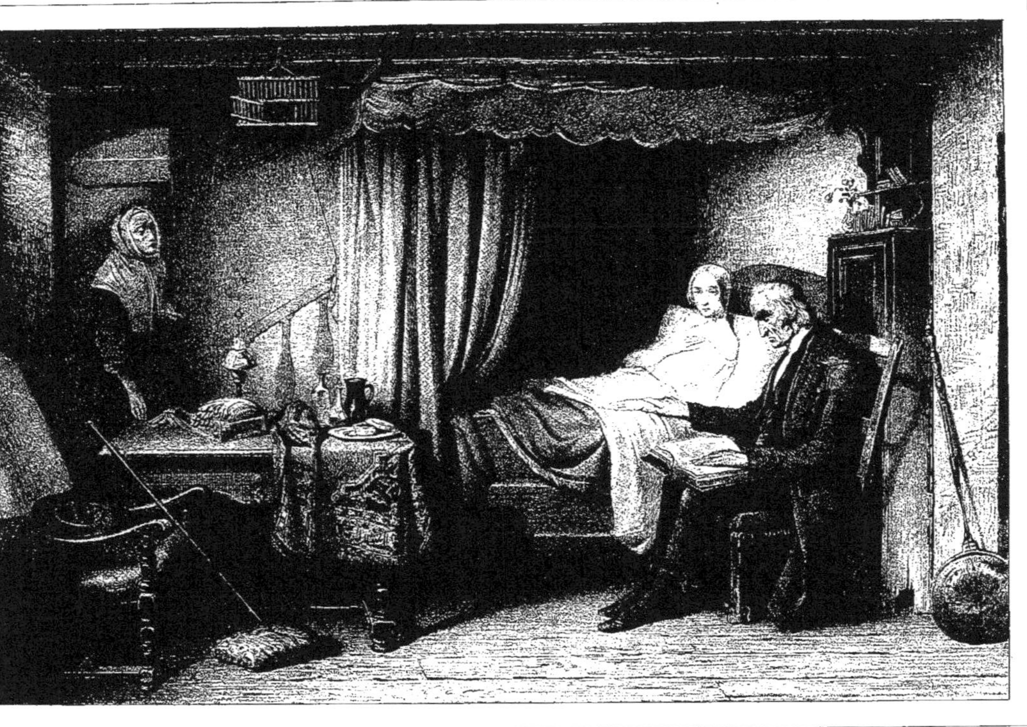

Jacot del   Imp. Bertauts.   Chaïlamel edit 4 R de l'Abbaye.

Le ministre médecin.

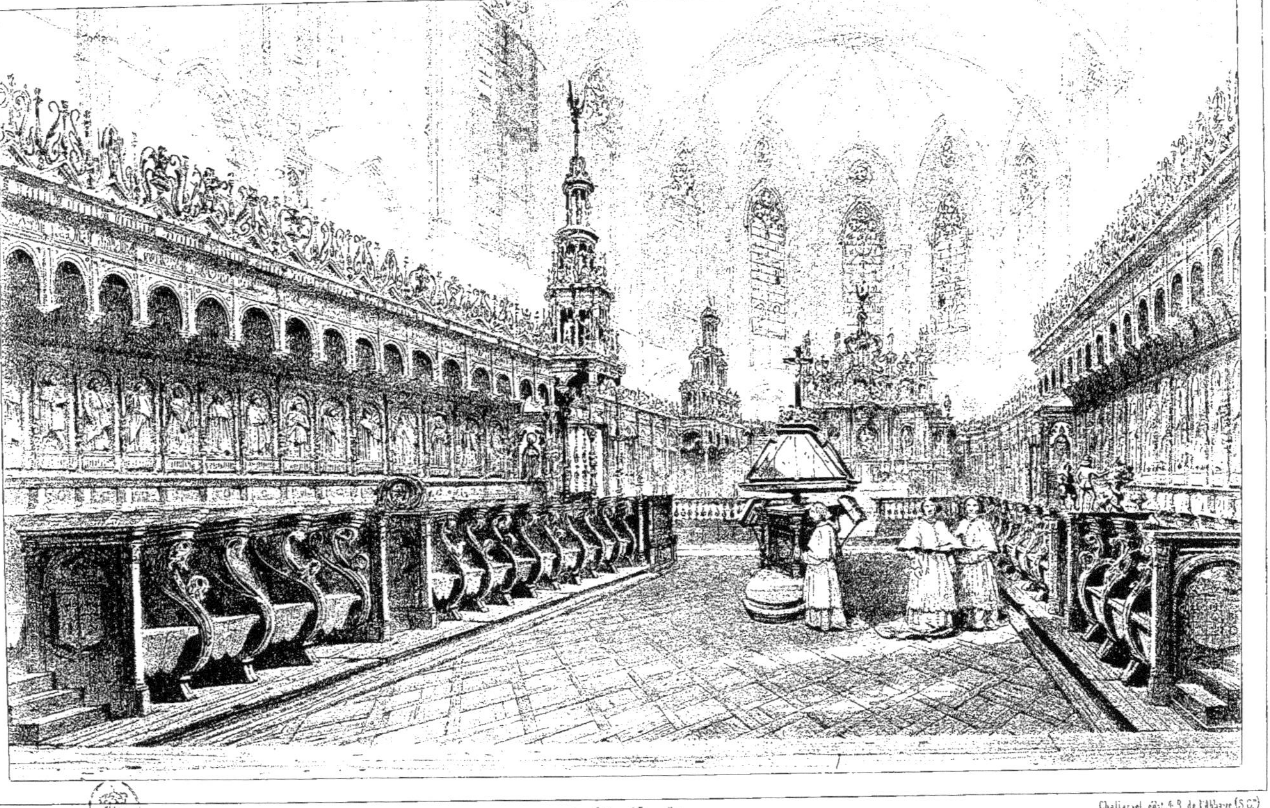

Intérieur de l'Abbaye de St Bertrand de Comminges.
(Pyrénées.)

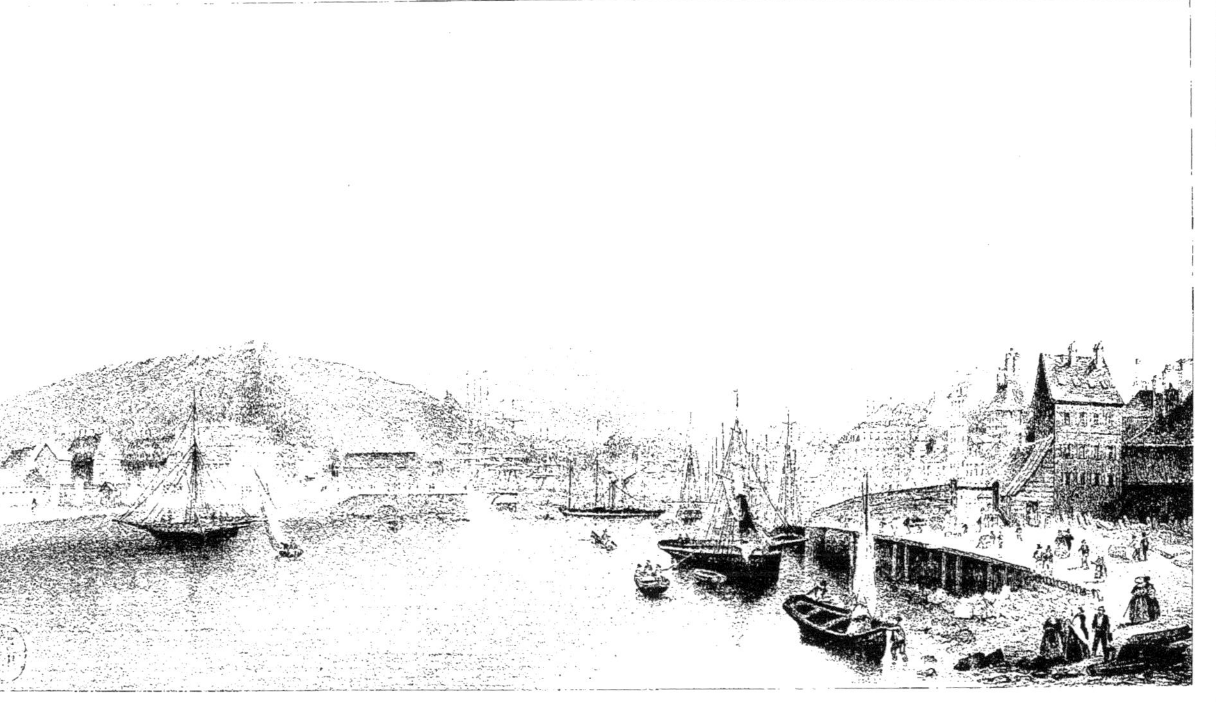

Vue du port de Cherbourg.

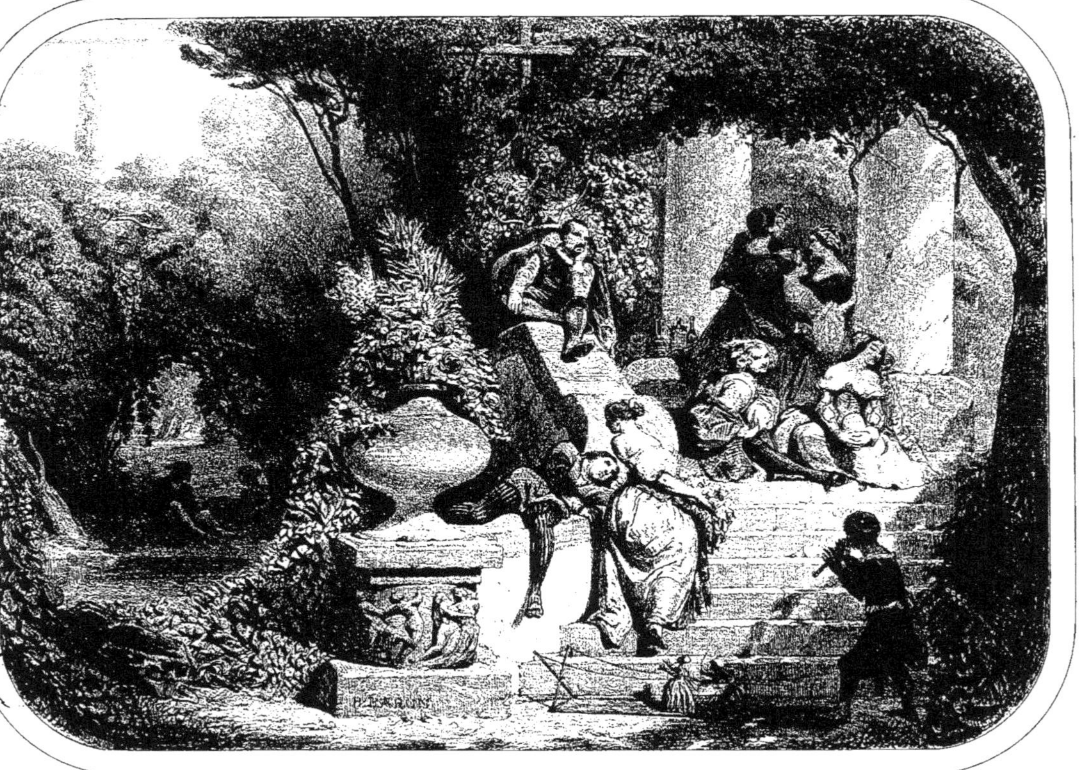

Baron del.   Imp. Bertauts Paris.   Chall'amel edit. 4 R. de l'Abbaye (S. G.)

Une sieste en Italie.

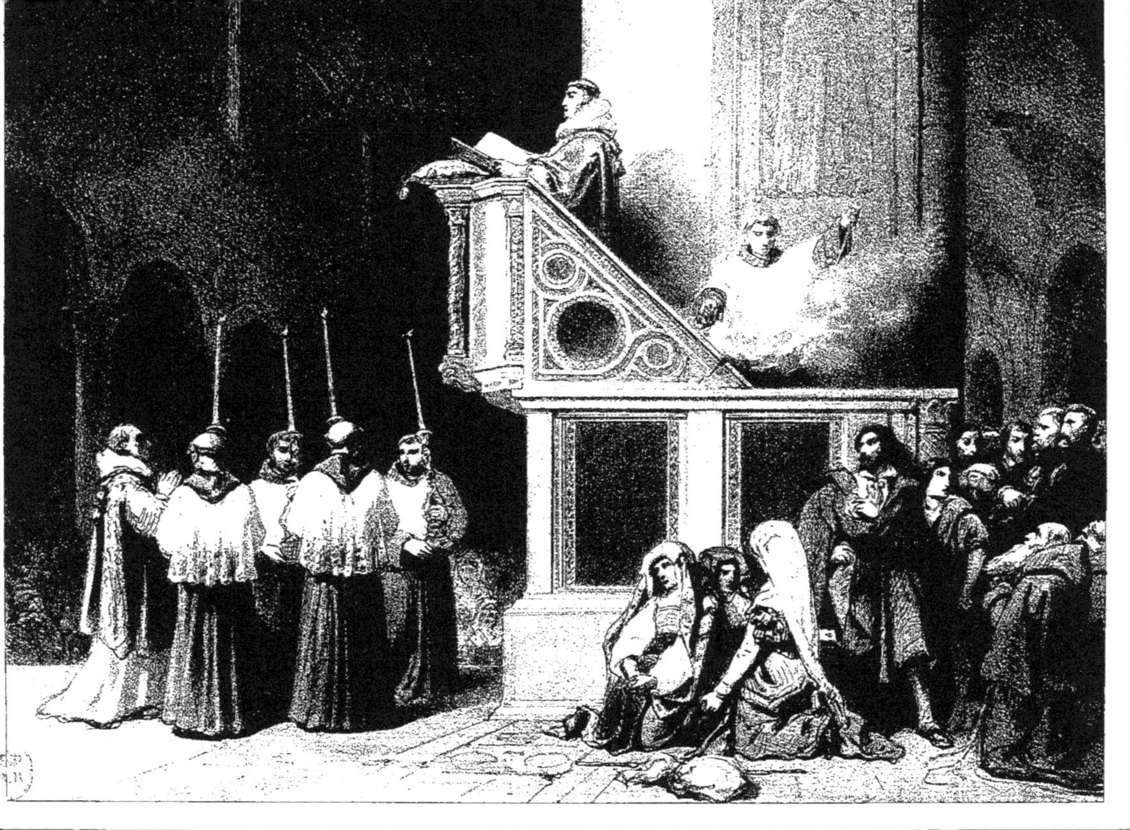

La lecture de l'évangile dans l'église d'Ara-Cœli à Rome.

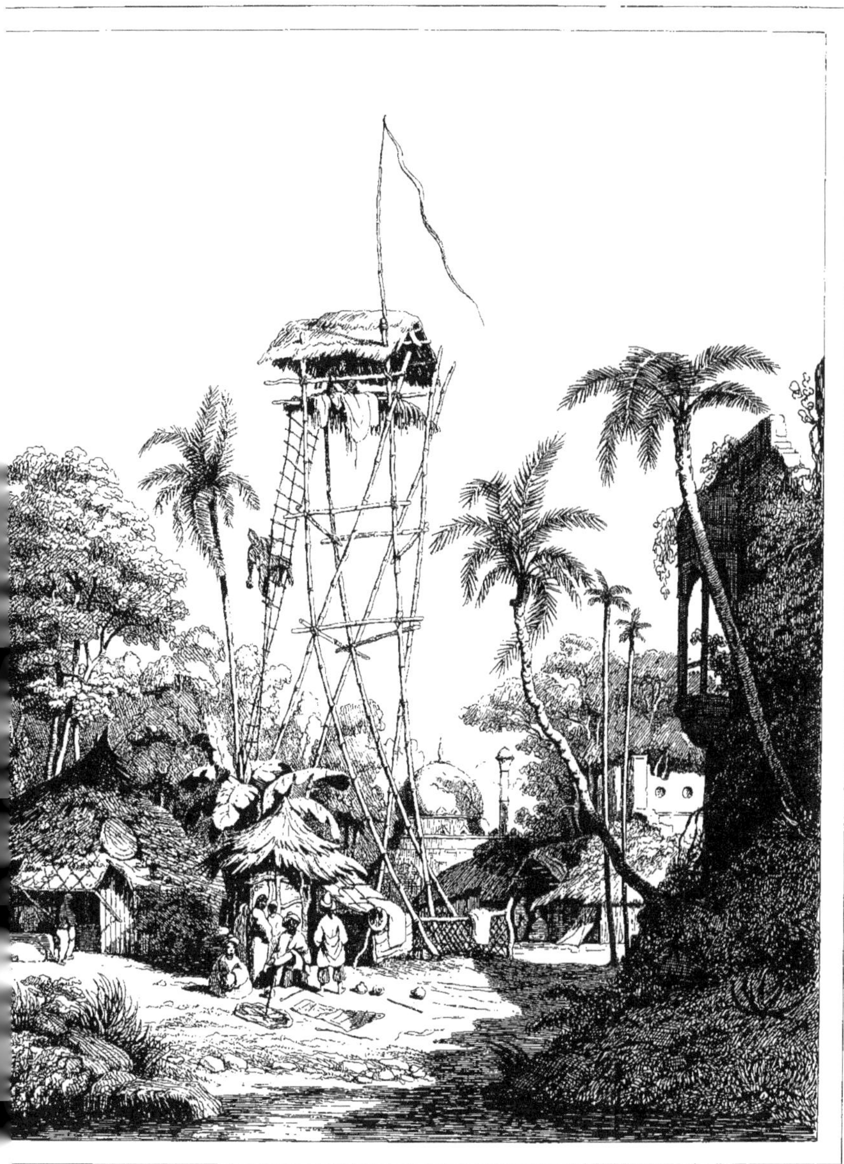

Vigie pour l'incendie à Calcutta.

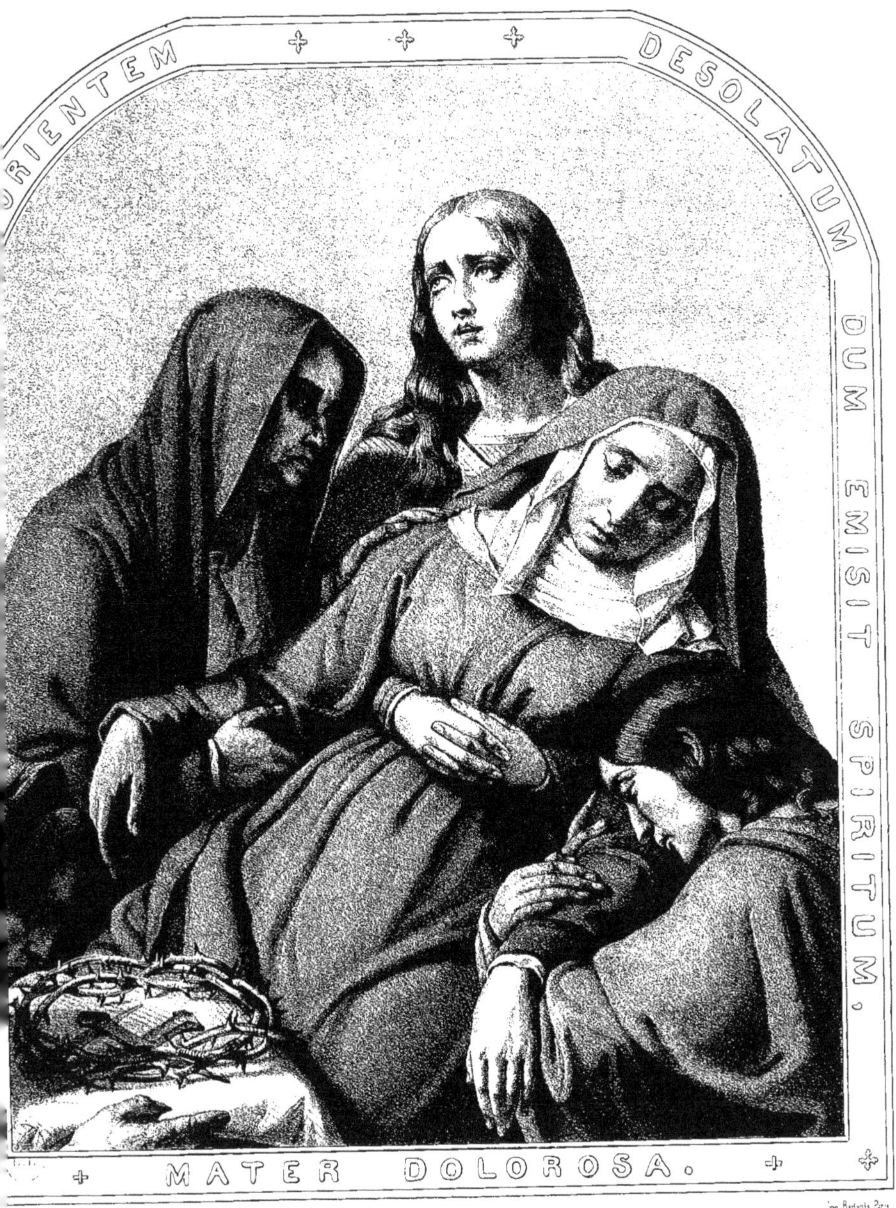

SALON DE 1842
G. Dauphin
ORIENTEM
DESOLATUM
DUM EMISIT SPIRITUM.
MATER DOLOROSA.

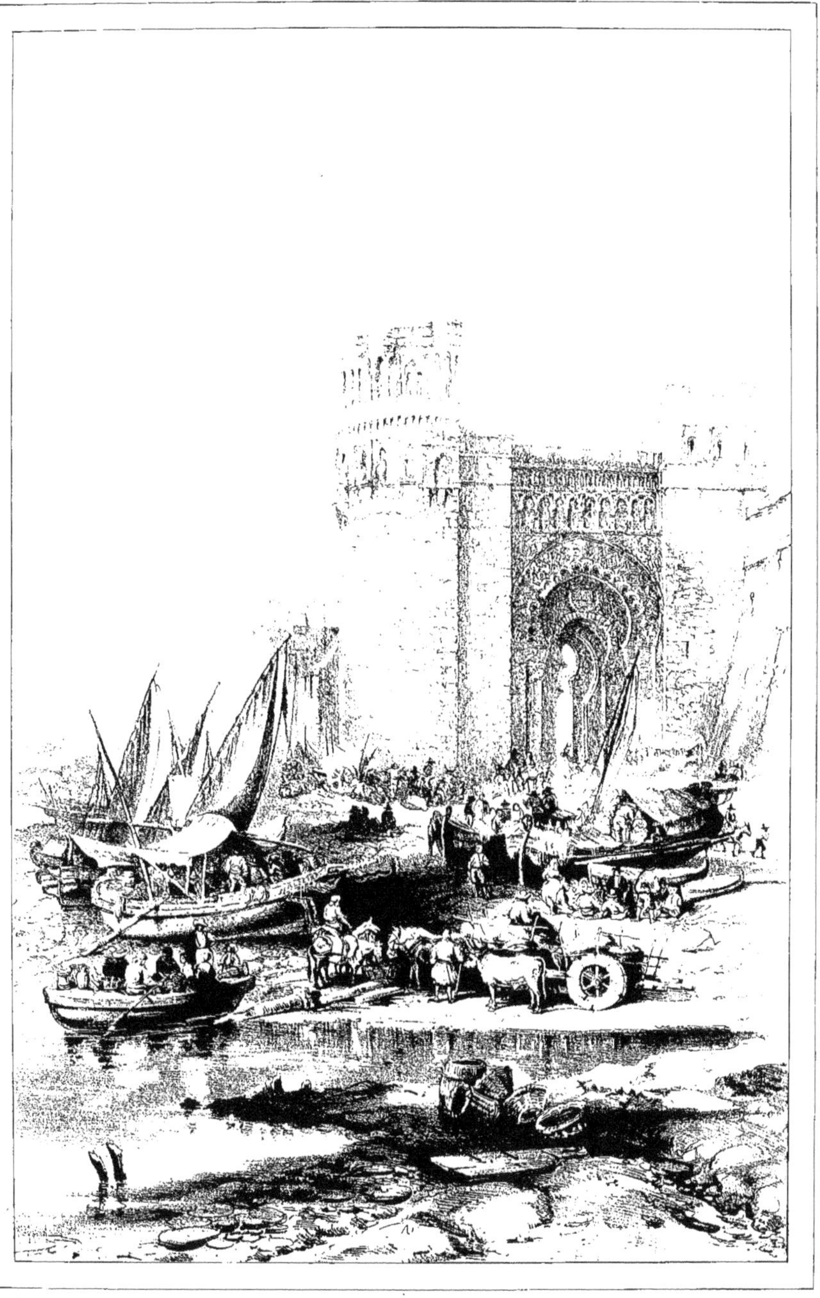

Pichot del.   Lith. Tirmenon & Cie.   Challamel édit. 4 R. de l'Abbaye (St G.)

Tour Arabe, près d'Almeria.

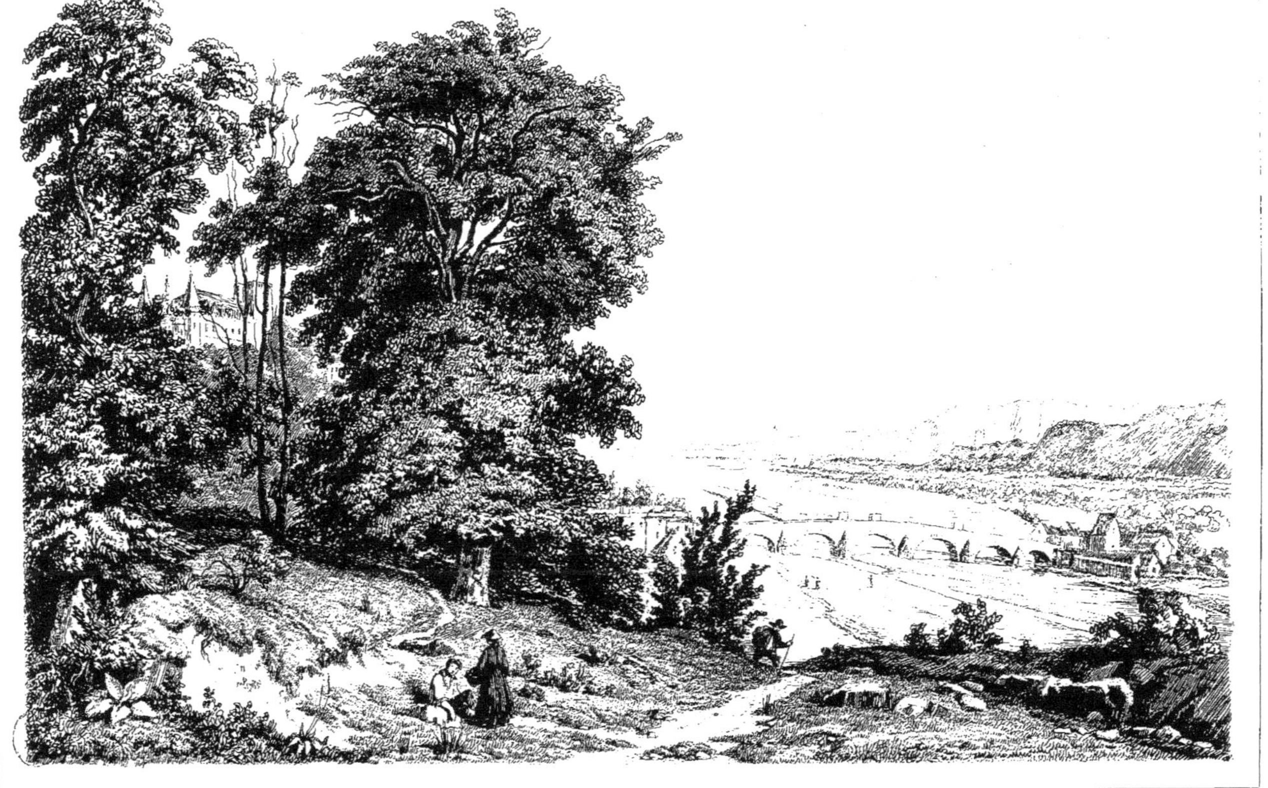

Vue du Château de Pau (prise du Parc)

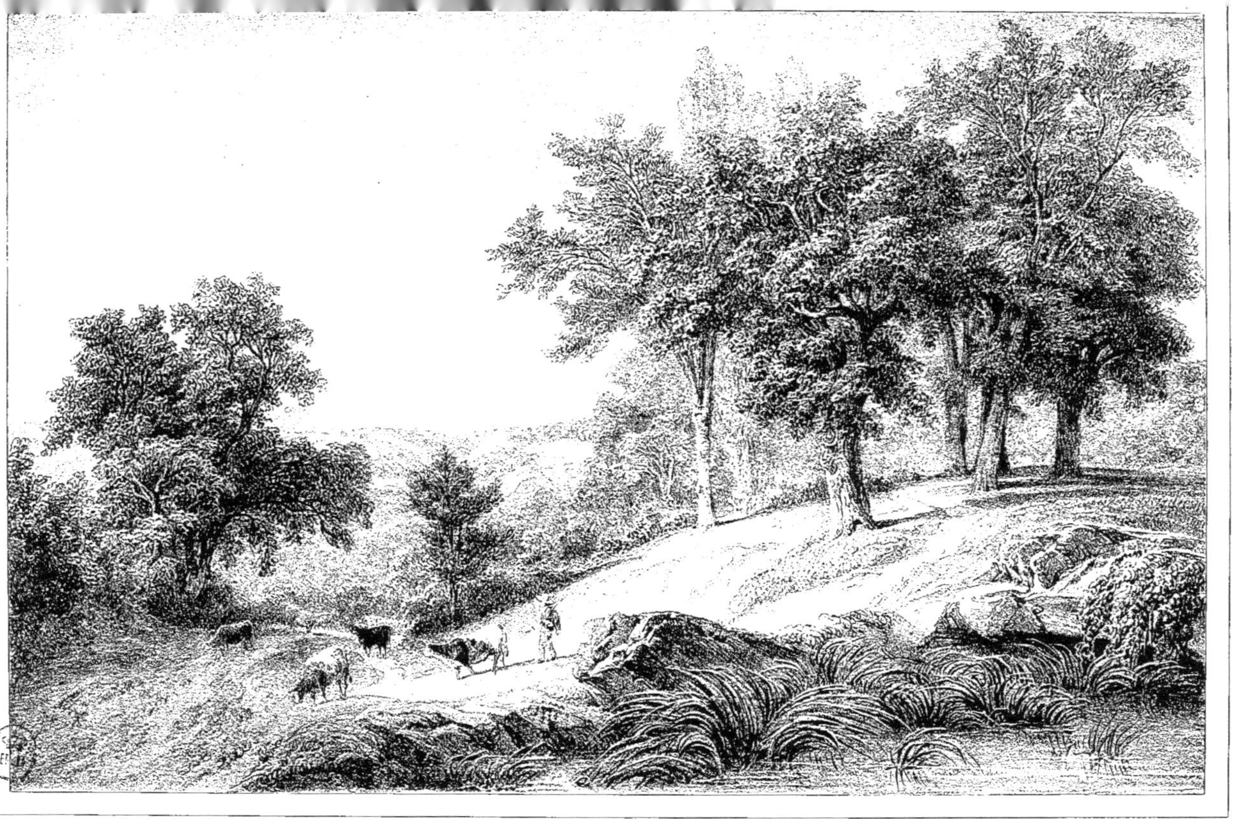

Ed Hostein, del.   Imp. Bertauts à Paris   Chalame, édit. 4 R. de l'Abbaye.

Vallée de la Duchère.
(Près de Lyon)

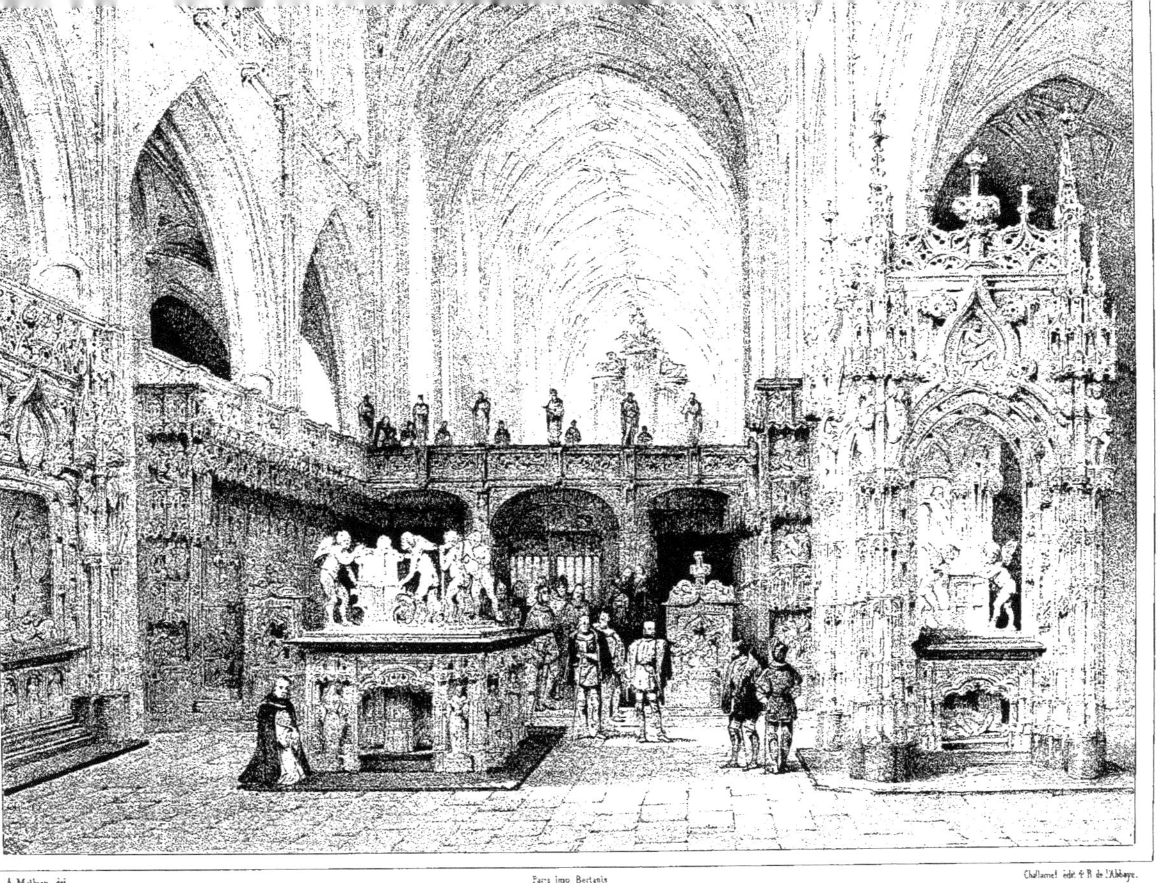

A. Mathieu del   Paris imp Bertauts   Challamel édit. & R de l'Abbaye.

Intérieur de l'eglise St.-Nicolas de Brou en Bresse.

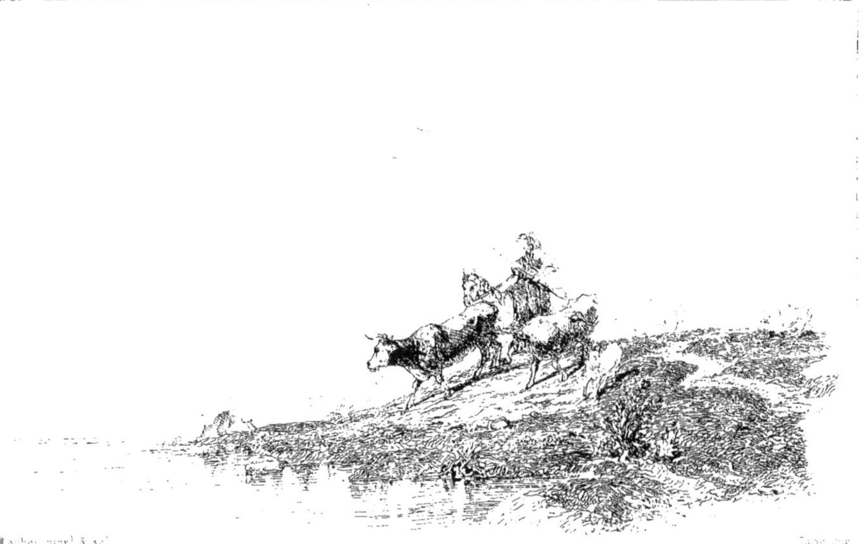

Abreuvoir

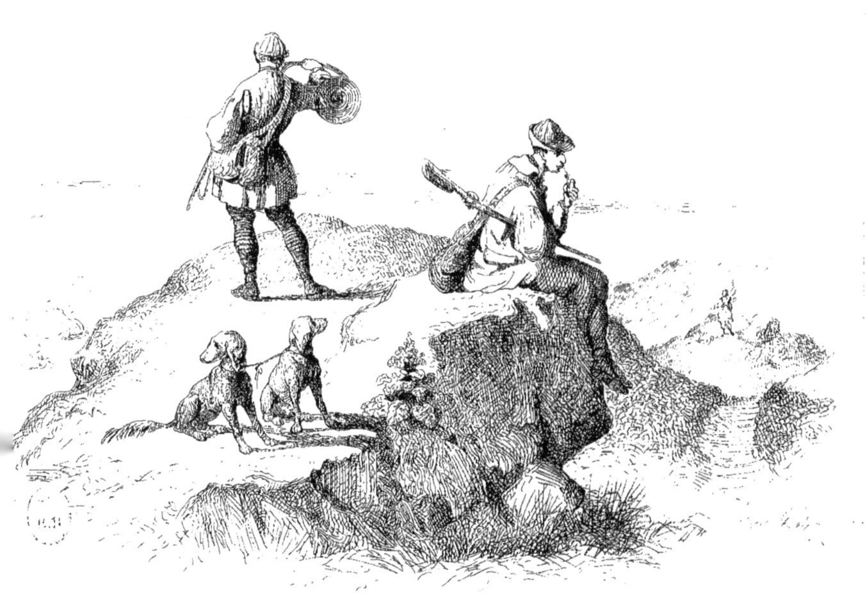

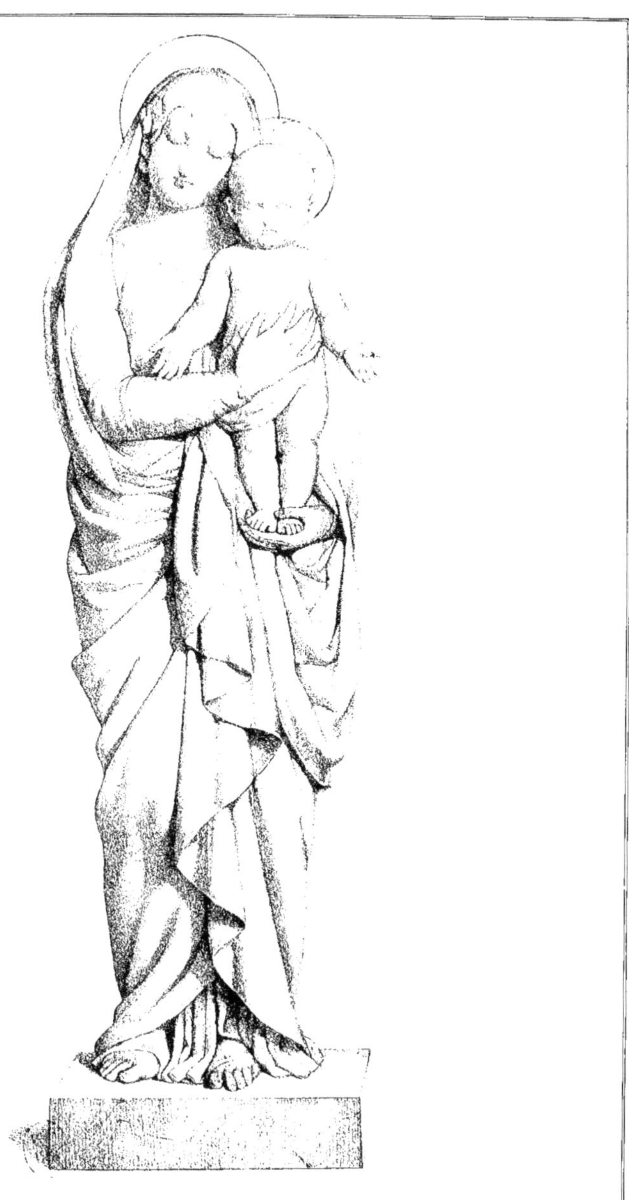

La Vierge & l'Enfant Jésus.

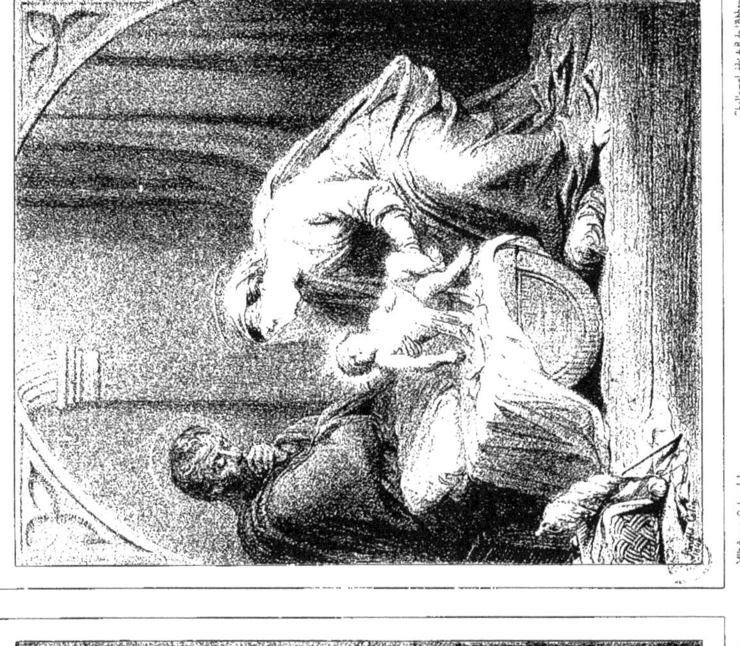

Mlle Anaïs Colin del   Challamel édit. 4 R. de l'Abbaye.

Une Sainte famille.

Imp Bertauts

Mlle Héloïse Colin del   Challamel édit. 4 R. de l'Abbaye.

Intérieur de famille.

Imp Bertauts

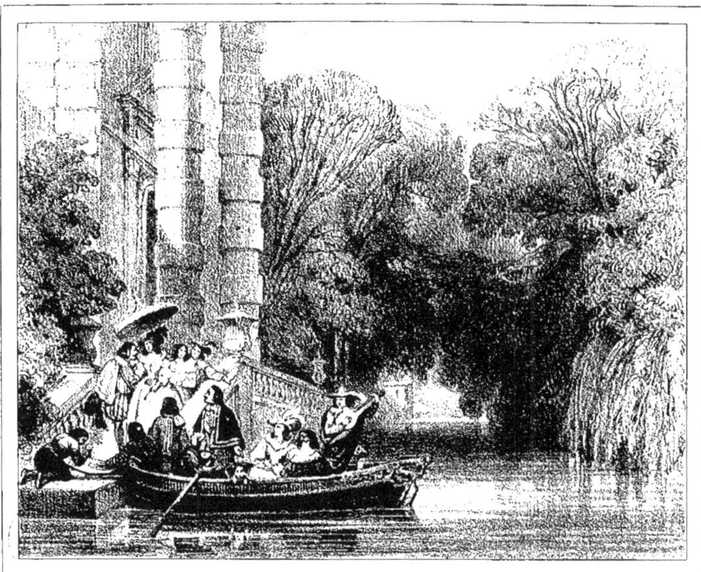

Paysage.

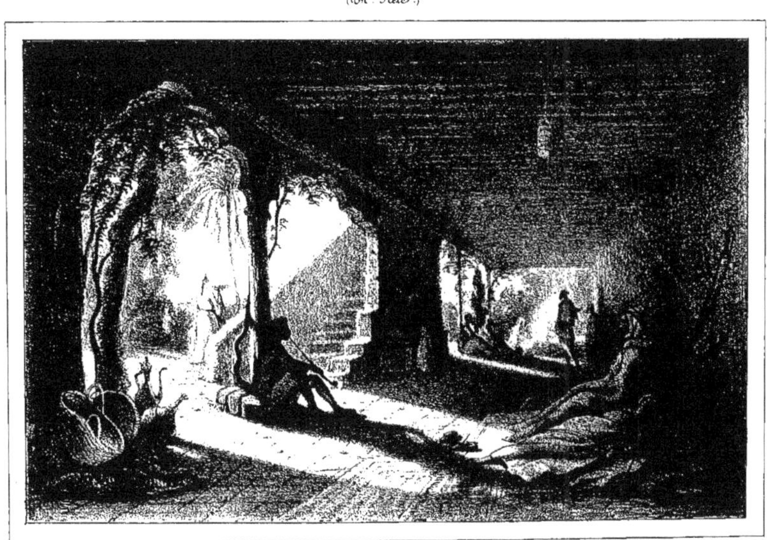

Caravensérail à Hussein-dey.
(Environs d'Alger.)

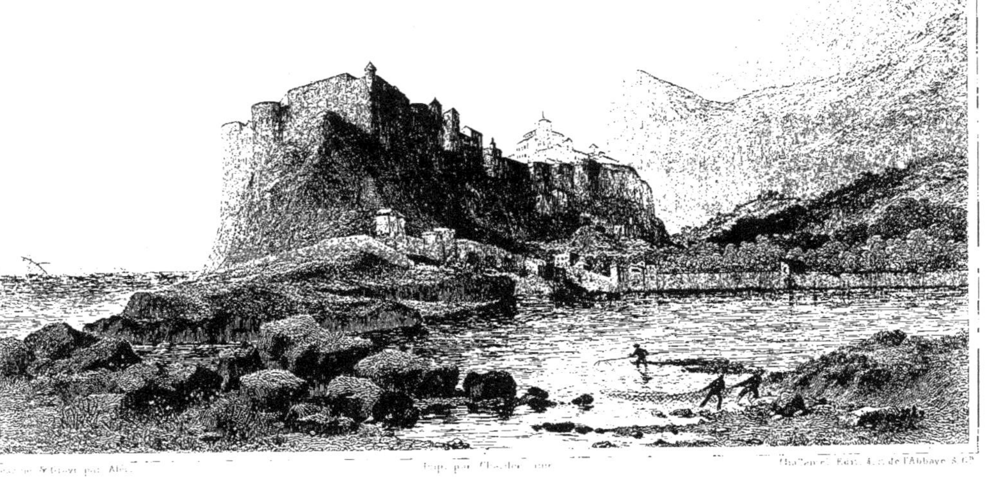

Vue de Monaco

« O perfido Breno………

« Chi mi dà ajuto! ome! chi mi consola? »

Olimpia.

www.ingramcontent.com/pod-product-compliance
Ingram Content Group UK Ltd.
Pitfield, Milton Keynes, MK11 3LW, UK
UKHW020921140726
13695UKWH00003B/917